Uwe Schulz

Wegweiser einer Selbsterziehung des Menschen

Lehrbeispiele von Buddha und Jesus

Uwe Schulz

WEGWEISER EINER SELBSTERZIEHUNG DES MENSCHEN

Lehrbeispiele von Buddha und Jesus

ibidem-Verlag
Stuttgart

Die Deutsche Bibliothek - CIP-Einheitsaufnahme:

Ein Titeldatensatz für diese Publikation ist bei
Der Deutschen Bibliothek erhältlich

∞

Gedruckt auf alterungsbeständigem, säurefreien Papier
Printed on acid-free paper

ISBN: 3-89821-354-4

Printed in Germany

"Glaubt nicht dem Hörensagen und heiligen Überlieferungen, nicht Vermutungen oder eingewurzelten Anschauungen, auch nicht den Worten eines verehrten Meisters; sondern was ihr selbst gründlich geprüft und als euch selbst und anderen zum Wohle dienend erkannt habt, das nehmt an"

Buddha

"Derjenige Mensch, der so klein sein kann wie ein Kind, der wird eingehen in das Reich der Himmel"

Jesus

Inhaltsverzeichnis

Vorbemerkungen

Die vorliegende Arbeit versucht, im Rahmen der allgemeinen Pädagogik aus religionswissenschaftlich-philosophisch-pädagogischer Perspektive vor allem die ursprünglichen Lehren des Buddha und Jesus mit Hilfe der hermeneutisch-historisch-kritischen Methode komprimiert herauszuarbeiten, um sie für die Selbsterziehung des Menschen nutzbar zu machen. Ich habe die Arbeit in der ersten Hälfte des Jahres 1997 im Rahmen des Studienganges "Diplom-Erziehungswissenschaft" der Universität Dortmund als Diplomarbeit verfaßt. Zugute kamen mir dabei Kenntnisse, die ich aus meinem vorhergehenden Studium der kath. Theologie erworben hatte sowie das wachsende Interesse an buddhistischer Philosophie und Religion während meines Studiums der Erziehungswissenschaft.

Zum Inhalt der Arbeit möchte ich noch einige Bemerkungen anführen, die als Ergänzungen zum vorliegenden Text zu verstehen sind.

Im Hinblick auf die Historizität der Menschen Buddha und Jesus ist anzumerken, daß in Anwendung eines radikalen Skeptizismus die außerbuddhistischen und -christlichen Quellen, die Buddha und Jesus erwähnen, bezweifelt werden können, so daß die "befangenen Quellen", also die buddhistischen und christlichen Quellen, als einzige Quellen im Hinblick auf Beurteilung der Historizität beider Menschen übrigbleiben. Es hat daher in der Vergangenheit bis in die Gegenwart einige Forscher gegeben, die diesen radikalen Skeptizismus anwandten und zu dem Ergebnis kamen, die Gestalten des Buddha und Jesus (oder eine dieser Gestalten) seien bloße mythische Figuren, geformt von ihren Verfassern aus historisch-zeitgenössischen Mythen und Legenden, aus bestimmten damals vorhandenen Bedürfnissen der Menschen heraus. Die hermeneutisch-historisch-kritische Forschung ist dagegen in der überwiegenden Mehrzahl ihrer Forscher zu dem

Ergebnis gekommen, daß die Menschen Buddha und Jesus tatsächlich historische Gestalten waren, deren Leben, Persönlichkeiten und Lehren von den nachfolgenden Menschen aus religiösen Bedürfnissen heraus jedoch mit zahlreichen Mythen und Legenden versehen und überlagert wurden, so daß eine nüchterne historische Existenz der beiden Menschen Buddha und Jesus kaum noch zu fassen war und ist.[1] Ich zitiere an dieser Stelle den prominenten Indologen und Reli-

---

1 Vgl. dazu Glasenapp, Helmuth von: Die fünf Weltreligionen. Hinduismus, Buddhismus, Chinesischer Universismus, Christentum, Islam (DG 130) München 1963 und 1996, 244.

Zotz führt einige europäische Forscher an, die der Ansicht waren, "Buddha" sei unhistorisch, so z.B. Richard Otto Franke (1862 bis 1928), der die Reliquien des im Jahr 1898 entdeckten Grabdenkmals Buddhas, die sich in einer beschrifteten Urne befanden, als "frommen Irrwahn" zu bedenken gab (vgl. Zotz 1996, 9), und kommt zu dem Ergebnis: "Diese und andere bedeutende Pioniere der Buddhismuskunde wollten zeigen, daß der Stifter des Buddhismus die literarische Vermenschlichung einer mythologischen Gestalt wäre oder zumindest keine Evidenz für sein Wirken existiere.": Ebd.

Im Hinblick auf die Frage, ob es den Menschen Jesus historisch gegeben habe oder nicht, sind in diesem Zusammenhang meines Erachtens die Bücher von "Karlheinz Deschner: Abermals krähte der Hahn. Eine kritische Kirchengeschichte von den Anfängen bis zu Pius XII, darin: Erstes Buch: Die Evangelien und ihr Umkreis, Stuttgart ^{4}1971, 11-147" und "Rudolf Augstein: Jesus Menschensohn, Hamburg ^{3}1999" zu nennen. Nach eingehender Lektüre dieser Bücher hatte ich den Eindruck, daß beide Autoren von vornherein die Historizität Jesu leugnen und Jesus lediglich als mythische Figur ansehen und von diesem Standpunkt aus dann argumentieren, wenngleich sie in ihren Büchern die Frage, ob es einen historischen Jesus gegeben habe oder nicht direkt oder indirekt offenlassen. So schreibt Augstein zu Beginn seines Buches direkt: "Entscheidend ist nach wie vor, der Mensch Jesus, wenn es ihn gab, hat mit der Kunstfigur des Christus nichts zu tun.": Augstein: s.o., 8. Deschner beginnt seine Argumentation ziemlich zu Anfang seines Buches eher indirekt mit dem Satz: "Mit der Forschung wird Jesu Existenz im folgenden jedoch vorausgesetzt.": Deschner: s.o., 14. In einem anderen Buch von Deschner bezieht er jedoch direkt Stellung, indem er von der "... - bis heute unbewiesene(n), aber auch nicht widerlegte(n) - Historizität Jesu ..." spricht: Ders.: Kriminalgeschichte des Christentums, Dritter Band: Die Alte Kirche. Fälschung, Verdummung, Ausbeutung, Vernichtung, Reinbek bei Hamburg 1990, 150. Deschner charakterisiert die Position der Verneiner der Historizität Jesu folgendermaßen: "Die Verneiner der Historizität Jesu sehen in den Evangelien die Umformung eines Mythos in geschichtlichen Bericht, die spätere Personifizierung einer religiösen Idee. Sie nehmen nicht, wie die ge-

gionswissenschaftler Helmuth von Glasenapp, der im Hinblick auf den historischen Jesus feststellt: "Bei dieser weitgehenden und umfassenden methaphysischen Umrahmung und Deutung, die das Erdenwallen Jesu gefunden hat, erschien es manchem Gelehrten fraglich, ob es überhaupt einen geschichtlichen Jesus gegeben hat oder ob auch das, was von seinem irdischen Dasein berichtet wird, in das Reich des religiösen Mythos zu verweisen sei. Allein dieser Skeptizismus wird von der Mehrzahl aller Forscher mit Recht als zu weitgehend abgelehnt. Denn es unterliegt keinem Zweifel, daß die Annahme, die christliche Religion habe keinen Urheber gehabt und die Gestalt ihres Stifters sei aus den verschiedensten mythischen Vorstellungen zusammengeflossen, eine viel größere Glaubensbereitschaft erfordert als die Meinung, daß eine historische Persönlichkeit der Begründer der weltumspannenden Bewegung gewesen und von der frommen Legende mit zahllosen sagenhaften Zügen ausgestattet worden sei. Die Quellen über das Leben Jesu enthalten zudem so viele konkrete Einzelheiten, die bei unbefangener Betrachtung den Eindruck geschichtlicher Tatsächlichkeit machen, daß eine Nötigung, ihre Historizität zu bestreiten und sie in die Sphäre der religiösen Dichtung zu verweisen, in keiner Weise besteht. Schließlich sprechen auch außerchristliche Zeugnisse, bei denen der Verdacht späterer Abfassung und Interpolation (durch Christen) nicht vorliegt, wie die Nachrichten des Sueton und des Tacitus, für eine historische Existenz Jesu." Im Hinblick auf die synoptischen Evangelien fährt Glasenapp fort: "... (Die synoptischen Evangelien) vermitteln ... aber doch die Kenntnis einer Anzahl von Tatsachen, die fraglos als geschichtliche betrachtet werden dür-

---

samte kritische Bibelwissenschaft der Gegenwart, einen geschichtlichen Jesus an, dessen Leben nachträglich in phantasievollen Wunderberichten und Legenden verklärt, dessen Gestalt allmählich vergottet worden ist. Vielmehr setzen sie einen mythischen Gott voraus, den die Verfasser der Evangelien gleichsam geschichtlich gemacht und vergegenwärtigt haben. Die Bestreiter eines historischen Jesus erblicken also in der biblischen Christusgestalt keinen vergöttlichten Menschen, sondern einen vermenschlichten Gott.": Ders.: Abermals krähte der Hahn, s.o., 14.

fen, mag auch überall in ihnen der Mythos den verklärenden Hintergrund bilden."[2] Diese Interpretation Glasenapps ist auf den historischen Buddha übertragbar.[3] Selbst wenn folglich die außerbuddhistischen und -christlichen Quellen als Hinweise auf die historische Existenz der Menschen Buddha und Jesus als nicht beweiskräftig erachtet werden, spricht doch, wie ich finde, eine hohe Wahrscheinlichkeit für eine Geschichtlichkeit sowohl von Buddha als auch von Jesus, und zwar - um erneut mit Glasenapp zu sprechen - aus einer unbefangenen Betrachtung konkreter Einzelheiten aus den buddhistischen und christlichen Quellen selber. Jaspers kommt zu dem Ergebnis: "Will man unter Aufhebung der überlagernden Schichten zur anfänglichen Realität dieser großen Männer[4] gelangen, so entziehen sie sich. Es gibt keinen zuverlässigen historischen Bericht. Fast jeder Punkt der Überlieferung kann historisch bezweifelt werden. Am Ende wurde es möglich, das Dasein jener Menschen selbst zu bezweifeln - wie es mit Buddha und Jesus geschehen ist -, weil es völlig zu verschwinden scheint hinter allem, was Mythus und Legende ist. Die Absurdität dieser Konsequenz läßt Zweifel an den Wegen der Kritik selber auf-

---

2 Glasenapp: siehe Anm. 1, 244f.

Spranger, einer der "Hauptrepräsentanten" der geisteswissenschaftlichen Pädagogik, stellt im Hinblick auf Interpretation der Evangelien fest: "Die Evangelien geben viel unverbundenen Stoff, der sich wohl zu einem anschaulichen Bilde vereint, aber in vielen Stücken uns unverständlich bleibt oder eine Deutung nach verschiedenen Richtungen gestattet.": Spranger, Eduard: Lebensformen. Geisteswissenschaftliche Psychologie und Ethik der Persönlichkeit. Tübingen [8]1950. 424.

3 In dem Abschnitt "Das Leben des historischen Buddha" (vgl. Glasenapp: siehe Anm. 1, 77-89) problematisiert Glasenapp die historische Existenz Buddhas nicht, setzt sie also einfach voraus, wenngleich er um ihre Problematik weiß. Im Zusammenhang mit der Erörterung um den geschichtlichen Jesus spricht er nämlich von den Synoptikern als nicht vorurteilslosen Forschern, die in ihren "... Angaben natürlich keinen höheren Anspruch auf Wirklichkeitsgehalt erheben (können) als die Biographen Buddhas ...": Ders., 245.

4 Jaspers bezieht sich an dieser Stelle auf Sokrates, Buddha, Konfuzius und Jesus.

kommen."[5] Jaspers scheint mir an dieser Stelle einen wichtigen Sachverhalt zu benennen. Trotz Anwendung der hermeneutisch-historisch-kritischen Methode ist es letztlich nicht möglich, ein einwandfreies, sozusagen historisch "beglaubigtes", von allen Mythen und Legenden befreites Wirken der Menschen Buddha und Jesus zu gewinnen. Dieser Sachverhalt hat aber unmittelbare Auswirkung auf ihre Lehren. Auch diese Lehren sind nicht frei von mythisch-legendärem Stoff, den buddhistische und christliche Dogmatik ihnen im Laufe der Zeit in erheblicher, in nicht mehr ganz zu durchschauender Art und Weise beimischten, so daß allenfalls ein Nahekommen an die ursprünglichen Lehren des Buddha und Jesus durch Anwendung der hermeneutisch-historisch-kritischen Methode möglich ist. Diese Bemühung zu wagen und sich dieser Anstrengung zu unterziehen erscheint deshalb als sinnvoll, weil bereits eine Annäherung an die historischen Lehren des Buddha und Jesus im einzelnen Menschen jene "befreienden Impulse" hervorruft und spürbar machen läßt, die für den Selbsterziehungsprozeß des Menschen von hoher Bedeutung sind, weil sie den einzelnen Menschen in einer ganzheitlichen Perspektive (also von seiner Geburt bis zu seinem Tod und sogar über den Tod hinaus) betrachten und daher imstande sind, auf Sinnfragen des Lebens tiefgründige Antworten zu geben, die als inhaltliche Orientierungen für die Selbsterziehung des einzelnen Menschen nutzbar gemacht werden können. Die folgende Arbeit war und ist der Versuch, das gerade Geschilderte annähernd umzusetzen. Inwieweit dies gelungen ist, möge der einzelne Leser selber beurteilen.

Zu problematisieren sind aus pädagogischer Sicht in der vorliegenden Arbeit noch zum einen der Begriff des "Nirvanas" aus der Lehre des Buddha und zum zweiten der Begriff "Gott" (näherhin der israelitisch-jüdische Gott-Begriff "Jahwe") aus der Lehre des Jesus. Atheistische Menschen werden wohl mit diesen Begriffen wenig oder

---

5 Jaspers 1995, 214f.

nichts verbinden. Das hat zur Konsequenz, daß die Lehre des Jesus, die den Glauben an den Gott Jahwe zur Grundlage hat (vgl. Abschnitt II 4.1), für solche Menschen, was ihren Selbsterziehungsprozeß anbelangt, schwerlich etwas "hergeben" wird, weil von vornherein das Fundament dieser Lehre nicht akzeptiert wird. Es muß an dieser Stelle betont werden, daß weder die "Existenz" noch die "Nichtexistenz" Gottes bewiesen werden kann, wie es Kant in seiner theoretischen Philosophie analytisch-logisch herausgearbeitet hat: Kant bezeichnet in seinen "Prolegomena" "Gott" als Begriff "... eines Wesens ..., davon die Idee zwar an sich selbst der Möglichkeit nach nicht eingesehen, obgleich auch nicht widerlegt werden kann ..."[6] Ich füge zu Kants Satz die Interpretation Hirschbergers hinzu: "Das Absolute (Gott) ist also nicht 'bewiesen', wie die alte Metaphysik glaubte; denn Beweise gibt es nur innerhalb der Erscheinungswelt. Aber auch seine Unmöglichkeit ist nicht bewiesen und könne nicht bewiesen werden, wie der Materialismus und Atheismus glauben; denn das hieße wiederum die Erscheinungsbasis überschreiten (B 590f.; vgl. Proleg. § 57 ...) ... Der Gottesgedanke ist als moralisches Postulat so sicher, daß alle theoretischen Philosopheme an ihn überhaupt nicht herankommen. Er braucht keinen Beweis aus den Unterlagen aus der Welt der theoretischen Vernunft, und es können solche gar nicht erbracht werden, wie umgekehrt von diesen Ansatz aus auch kein Beweis gegen Gott erbracht werden könne (Proleg. § 57 ...)."[7] Kant sieht also den Begriff "Gott" als moralisches Postulat als legitimiert an. Insofern kann von einer Fiktion hinsichtlich dieses Begriffes nicht gesprochen werden: "Die sittliche Vollkommenheit, obgleich sie nicht ganz erreicht werden kann, ist doch kein Wahn ... Gott ist doch kein

---

6 Kant, Immanuel: Prolegomena zu einer jeden künftigen Metaphysik, die als Wissenschaft wird auftreten können. Textkritisch hg. und mit Beilagen versehen von Rudolf Malter. Stuttgart 1989. 130 bzw. § 57.

7 Hirschberger, Johannes: Kant und der deutsche Idealismus, in: Ders.: Geschichte der Philosophie, Bd. II: Neuzeit und Gegenwart, Freiburg-Basel-Wien [13]1976, 267-438, 313.315.

Wahn."[8] Selbst Hegels "spekulativer Karfreitag", der den Begriff "Gott" logisch-dialektisch bis zum äußersten einem Zweifel, besser einer Verzweiflung unterzieht, leugnet in seiner Philosophie nicht die "Existenz" Gottes, wie Heidegger treffend herausgearbeitet hat: "Die Wissenschaft der Phänomenologie des Geistes ist die Theologie des Absoluten hinsichtlich seiner Parusie im dialektisch-spekulativen Karfreitag. Hier stirbt das Absolute. Gott ist tot. Das sagt alles andere, nur nicht: es gibt keinen Gott."[9] Nach Heidegger ist selbst die Philosophie Nietzsches "Theologie": "Jede Philosophie ist Theologie in ihrem ursprünglichen und wesentlichen Sinne, daß das Begreifen (λόγος) des Seienden im Ganzen nach dem Grunde des Seyns fragt und dieser Grund ϑεός, Gott, genannt wird. Auch Nietzsches Philosophie z.B., darin ein wesentlicher Satz lautet 'Gott ist todt', ist eben gemäß diesem Satz 'Theologie'."[10] Trotz des "europäischen Nihilismus", den Nietzsche "prophetisch" hervorkommen sah, und in dem wir uns zur Zeit - dies ist offenbar - befinden, scheint mir der Begriff "Gott" im religiös-philosophischen Sinne weiterhin seine Berechtigung zu haben, so lange man diesen Begriff einer "Kritik" unterzieht, d.h. ihn nicht dogmatisch versteht, man sich also einen symbolischen Anthropomorphismus im Sinne Kants im Unterschied zu einem dogmatischen Anthropomorphismus (Theismus) leistet: "Wir halten uns aber auf dieser Grenze (dem symbolischen Anthropomorphismus als transzendentale Ideen als Grenzbestimmung der menschlichen Vernunft, darin die theologische Idee), wenn wir unser Urteil bloß auf das Verhältnis einschränken, welches die Welt zu einem Wesen haben mag, dessen Begriff selbst außer aller Erkenntnis liegt, deren wir innerhalb der Welt fähig sein. Denn alsdenn eignen wir dem höchsten Wesen

---

8 Kant, zit. n. Karl Jaspers: Kant, in: Ders.: Die großen Philosophen, Bd. 1 (SP 1002) München-Zürich ^{5}1995, 397-616, 509.

9 Heidegger, Martin: Holzwege, Frankfurt am Main ^{2}1950, 186.

10 Ders.: Schellings Abhandlung Über das Wesen der menschlichen Freiheit (1809) hg. v. Hildegard Feick, Tübingen ^{2}1995, 61.

keine von den Eigenschaften an sich selbst zu, durch die wir uns Gegenstände der Erfahrung denken, und vermeiden dadurch den dogmatischen Anthropomorphismus, wir legen sie aber dennoch dem Verhältnisse desselben zur Welt bei, und erlauben uns einen symbolischen Anthropomorphism, der in der Tat nur die Sprache und nicht das Objekt selbst angeht."[11] Kant scheint mir in seiner Erklärung des Gott-Begriffes im Sinne eines symbolischen Anthropomorphismus dem Verständnis des Gott-Begriffes in der ursprünglichen Lehre Jesu nahe zu kommen. Diese These bleibt natürlich strittig, weil aus hermeneutisch-historisch-kritischer Perspektive nur eine Annäherung an die ursprüngliche Lehre Jesu[12] und damit auch nur eine Annäherung an das ursprüngliche Verständnis des Gott-Begriffes in der Lehre Jesu möglich ist. Spranger bemerkt zum Verständnis des Begriffes "Gott": "Jenes Letzte, das den Sinn der Welt ausmacht oder als das ihr Sinn Verleihende geistig erzeugt wird, nennt die religiöse Sprache 'Gott'. Schon die Lehre Kants gipfelt darin, daß Gott kein rein theoretischer Begriff, sondern nur das objektive Korrelat der religiös erlebenden Seele ist."[13] Spranger verbindet in diesem Zitat den Begriff "Gott" mit dem der "Seele" und legt damit das abendländische Verständnis von "Gott" und "Ich" bzw. "Selbst" des Menschen zugrunde. An diesem Punkt vermag in meinen Augen das Verständnis des Nirvana-Begriffes in der Lehre des Buddha zu kurz gegriffenen Interpretationen bzw. Vorstellungen des abendländischen Gott-Begriffes abzuhelfen. Zum Nirvana-Begriff ist festzuhalten, daß er wesentlich, wenn auch nicht ausschließlich, seine Wurzeln im Begriff des Brahman (Neutrum) der Upanishaden und der Samkhya-Philosophie und des Yoga hat (zu den Upanishaden, der Samkhya-Philosophie und dem Yoga: vgl. die Ausführungen in den Abschnitten I 2.1.1 und 2.1.2).

---

[11] Kant: siehe Anm. 6, 136 bzw. § 57.

[12] Vgl. meine Ausführungen am Schluß des dritten Absatzes dieser Vorbemerkungen.

[13] Spranger: siehe Anm. 2, 237f.

Das Brahman wird in den Upanishaden als Idee einer "heiligen", alldurchdringenden, allbeherrschenden, alldurchleuchtenden Macht, als All-Selbst und als Universalseele, und zwar als absolutes Prinzip, verstanden. In der folgenden Samkhya-Philosophie und im Yoga wird dann der Begriff des Brahman als absolutes Wesen festgehalten und mit dem Begriff des Nirvana als ein Ausdruck für die Erlösung verbunden. Dieses Absolute als letztes, höchstes Ziel und als Weltgrund ist aber im Gegensatz zur abendländischen Auffassung nicht personal, sondern neutral bestimmt (*das* Brahman) und in den Upanishaden, in der Samkhya-Philosophie und dem Yoga mit Verneinungen gekennzeichnet (es wurde dort als das "Nein Nein" benannt). In der Lehre des Buddha wird der Nirvana-Begriff nun aus der Samkhya-Philosophie und dem Yoga übernommen, doch aufgrund der Erkenntnis einer Nichtexistenz einer Individualseele (der Leugnung des Atmans der Upanishaden-Philosophie) mit einem radikalen, neuen Verständnis versehen, dem nämlich, daß das Nirvana nicht mehr als Absolutes (vgl. Abschnitt I 4.4, Text zur Anm. 79) und nicht mehr als Weltgrund vorgestellt wird.[14] In der Lehre des Buddha ist folglich der

---

[14] Vgl. Oldenberg 1923, 38.50f. 233.268-270; Meisig 1995, 57.

"Heilig" meint in den Upanishaden "... das dem gewöhnlichen Dasein nicht Angehörige, ihm unvergleichlich Überlegene, in seiner eignen geheimen Art Waltende ...": Oldenberg 1923, 40.

Oldenberg beschreibt die Kennzeichnung des Brahman durch Verneinungen in den Upanishaden folgendermaßen: "... Jeder Inhalt, jede Eigenschaft, die man dem Brahman zuschreiben möchte, wird ihm abgesprochen. Neben das 'All'motiv stellt sich das Motiv des 'Nicht', des 'Un-', neben die gleichzeitige Beilegung entgegengesetzter Prädikate deren gleichzeitige Verneinung.": Ders., 54.

In der Brhadaranyaka Upanishad wird das Brahman folgendermaßen gekennzeichnet: "Es ist ... das Unvergängliche ... Es ist ... ohne Haften, ... ohne Rede und ohne Denken ...": Brhadaranyaka Uphanishad III, 8,8, zit. n. dems., 55.

In einem Brahmana wird vom Brahman gesagt: "Wahrlich Allheit ist das Unvergängliche.":Satapatha Brahmana XI, 2,3, zit. n. dems., 57.

Mylius ist der Ansicht, daß der Nirvana-Begriff in der buddhistischen Lehre aus den Upanishaden und dem Yoga übernommen worden sei: "Deutlich erkennt man ... die Herleitung der Nirvana-Idee aus der Upanisad-

Gott-Begriff, nämlich im Nirvana-Begriff, durchaus enthalten, wenn auch unausgesprochen. Der entscheidende Unterschied zum abendländischen Denken hinsichtlich der Vorstellung des Gott-Begriffes (vgl. das Zitat von Spranger, Anm. 13) liegt darin, daß das Nirvana in der Lehre des Buddha als substanzlos verstanden wird, weil weder eine Seele (das Substanzhafte) im Menschen und folglich auch nicht im Nirvana vorgefunden werden kann. Betrachtet man nun die Lehre des Jesus in ihrer annähernd ursprünglichen Gestalt, so muß festgestellt werden, daß der Gedanke einer "Seele" des Menschen im Grunde keine Rolle spielt, d.h. als nebensächlich erscheint, so daß auch die Vorstellung von Jahwe als einer "Welt- oder Universalseele" in keinster Weise im Vordergrund steht. Ich sehe hier deutliche Übereinstimmungen, was das Verständnis des Gott-Begriffes Jahwe (und damit verbunden das Verständnis des Begriffes des Gottesreiches) in der Lehre des Jesus und das Verständnis des Nirvana-Begriffes in der Lehre des Buddha anbelangt (vgl. Abschnitt III 2, Text zur Anm. 4), wenngleich dieser "Sachverhalt" strittig und diskussionswürdig bleiben wird.[15] Für die Selbsterziehung des Menschen entscheidend bleibt aber letztlich das prozeßhafte ethische Lernen und Handeln des einzelnen Menschen, das durch seine Geistesschulung bedingt ist und begleitet wird, und zwar in seinem konkreten diesseitigen Leben. In diesem Punkt scheinen mir die Lehren Buddhas und Jesu zum einen

---

Literatur. Diese ... charakterisiert die Eigenschaften der Universal- oder Weltseele, des Brahman, durch die Worte 'neti, neti', das heißt, 'so ist es (= das Brahman) nicht, so ist es (auch) nicht!' Eine weitere Quelle des Nirvana-Gedankens dürften aus vorarischer Zeit überkommene Yoga-Praktiken sein ...": Mylius, Klaus: Der Buddhismus, seine Lehre und seine Geschichte, in: Gautama Buddha. Die vier edlen Wahrheiten. Texte des ursprünglichen Buddhismus. Hg. und übertragen von dems. (Literatur, Philosophie, Wissenschaft) Leipzig [5]1994, 17-54, 27.

15 Spranger kommt, allerdings in eher "intuitiver" Argumentation, zu dem Ergebnis: "In ihrem 'Sinngehalt' sind beide religiöse Welten: Nirwana und Jenseits (Jenseits verstanden als 'eine andere, bessere Welt') (und analog: Selbstauslöschung und Ekstase), nicht so verschieden, wie es zunächst scheint.": Spranger: siehe Anm. 2, 109f.

übereinzustimmen und zum zweiten tiefgründige Orientierungen vorzuweisen und anzubieten (vgl. Kapitel III 2).

Ich möchte noch im Hinblick auf die vorliegende Arbeit einige Einschätzungen zu den Menschen Buddha und Jesus und ihren Lehren anschließen und diese in Beziehung zur Selbsterziehung des einzelnen Menschen bringen.

Der Indologe und Religionswissenschaftler Helmuth von Glasenapp kommt in bezug auf Buddha zu dem Ergebnis: "Wenn man sich vergegenwärtigt, daß noch vor 200 Jahren im Abendlande ein engräumiges und kurzfristiges Weltbild herrschte, das die Welt vor 5000 Jahren geschaffen sein ließ und das baldige Ende aller Dinge erwartete, dann kann man nur die höchste Bewunderung einem Denker zollen, der schon vor 2500 Jahren ohne Kenntnis der Ergebnisse moderner astronomischer Forschung zu einer so großartigen Vorstellung vom Wesen der Welt gelangt ist ... Gemessen mit den Maßstäben nicht nur seiner Zeit, sondern aller Zeiten, war Buddha einer der ganz großen Denker, welche am tiefsten in das Wesen der Wirklichkeit eingedrungen sind und die Geistesgeschichte der Menschheit am nachhaltigsten beeinflußt haben."[16] Die entscheidende Erkenntnis des Buddha hinsichtlich der Wirklichkeit besteht zum einen in dem bedingten Entstehen und Vergehen und zum zweiten in der Substanzlosigkeit allen Daseins und Lebens und aller Dinge (vgl. Abschnitt I 4.3). Diese Erkenntnis der Wirklichkeit, die der Buddha durch eine tiefgründige Erkenntnisbemühung errungen hat, spielt auch für den Selbsterziehungsprozeß des einzelnen Menschen eine bedeutende Rolle: Denn die Einsicht in den Ablauf der Wirklichkeit bildet den

---

[16] Glasenapp: siehe Anm. 1, 86f.
Zu Buddhas Weltbild: Vgl. den Abschnitt I 4.1.1.
An dieser Stelle sei ein Zeugnis Nietzsches über Buddha angeführt: "... Und der Lehrer der Religion der Selbsterlösung, Buddha, trat auf: - wie ferne ist Europa noch von dieser Stufe der Kultur!": Friedrich Nietzsche: Morgenröte. 1880, zit. n. Zotz 1996, 140.

authentischen Hintergrund für den ethischen Lern- und Handlungsprozeß, der sich in der Selbsterziehung des einzelnen Menschen ereignet. Daß die Naherwartung, die im antiken Judentum im Begriff des Gottesreiches enthalten war und von Jesus in seiner Lehre übernommen wurde als Weltbild nicht ins Heute, was den Selbsterziehungsprozeß des einzelnen Menschen betrifft, übertragen werden kann, ist klar. Man wird die Lehre des Jesus in ihrer Grundintention jedoch nur verstehen, wenn man bereit ist, den hermeneutischen Schritt zurück in die damalige antike jüdische Welt Palästinas, in der Jesus lebte, zu vollziehen und nicht sogleich dieses Weltbild für unsinnig zu erklären. Man muß hier beachten, daß der Mensch Jesus und seine Lehre von dem antiken jüdischen Weltbild abhängig sind. Es ist darum aus hermeneutischer Perspektive unredlich, dem Menschen Jesus den Irrtum seiner Ansicht vorzuwerfen, daß das Kommen des Gottesreiches noch zu seinen Lebzeiten bevorstehe. Ihm diesen Irrtum von heute her vorzuwerfen, hieße nichts anderes, als ihm als damaligen Menschen übermenschliche Erkenntnisfähigkeiten zuzuschreiben und diese nicht angewendet zu haben. Jesus ist aus hermeneutischer Sicht als jüdischer Mensch zu betrachten, der von der monokulturellen jüdischen Gesellschaft seiner Zeit abhängig war.[17] Nur unter dieser Voraussetzung wird man in der Lage sein, die Grundintention seiner Lehre zu verstehen und für den heutigen Selbsterziehungsprozeß des einzelnen Menschen nutzbar zu machen. Ich füge an dieser Stelle die Interpretation von Jaspers hinsichtlich der Naherwartung hinzu, die ich für überzeugend halte: "Die Radikalität der Gottesgewißheit gewann durch Jesus eine bis dahin unerhörte Steigerung durch die Erwartung des unmittelbar bevorstehenden Weltendes. Die Naherwartung war im Sinne des kosmischen Wissens ein Irrtum. Wenn aber die Wirklichkeit des Weltuntergangs ausbleibt, ist der Sinn des Grundgedankens nicht aufgehoben. Ob jetzt gleich oder nach sehr langen Zeiten: dies Ende wirft Licht und Schatten, stellt an alles und

---

[17] Vgl. dazu das Kapitel II 0 und den Abschnitt II 4.3.1.

jedes seine Frage, ruft auf zur Entscheidung. Der Irrtum in bezug auf das leibhaftig Gegenwärtige des Weltendes hat durch den Zwang dieser Leibhaftigkeit die Wahrheit an den Tag gebracht: der Mensch lebt in der Tat vor dem Äußersten, das er sich ständig verschleiert ... Der Mensch ist dem Tode verfallen ... Jesus erinnert an dies Äußerste."[18]

Im Hinblick auf Jesus kommt der Indologe und Religionswissenschaftler Helmuth von Glasenapp zu dem Ergebnis: "Die originale Leistung Jesu besteht nicht darin, daß er ... ein neues theologisches System schuf, sondern darin, daß er den überkommenen Wahrheiten in wundervollen Gleichnissen (wie z.B. Luk. 10,30ff.; 15,11ff.; 18,10ff.) und kernigen Sentenzen einen prägnanten Ausdruck verlieh. Der Wert dieser Parabeln und Aussprüche tritt am deutlichsten daran zutage, daß sie heute noch auf jeden unbefangenen religiösen Leser einen tiefen Eindruck ausüben und gerade auch unter Nichtchristen - ich nenne nur Mahatma Gandhi - ihre Bewunderer gefunden haben ... Jesus war weder ein weltabgewandter indischer Heiliger noch ein abgeklärter chinesischer Weiser, sondern ein israelitischer Prophet von höchster Leidenschaftlichkeit, der deshalb in hohem Maße den Impulsen des Augenblickes zugänglich war."[19] Jaspers stellt in bezug auf Jesus fest: "... Jesu Leben scheint wie durchleuchtet von der Gottheit ... Der Gottesgedanke steht unter keiner Bedingung, aber die Maßstäbe, die von dort sprechen, stellen alles andere unter ihre Bedingung. Von dort her kommt das Wissen um das allbegründende Einfache. Das Wesen dieses (wissenden) Glaubens ist die Freiheit."[20] Flusser kennzeichnet Jesus als "religiöses Genie".[21] Stimmt man Flus-

---

[18] Jaspers 1995, 206.

[19] Glasenapp: siehe Anm. 1, 252f.

[20] Jaspers 1995, 204.

[21] Vgl. Flusser 1995, 8.

In diesem Zusammenhang sei die Ansicht Nietzsches über Jesus erwähnt, die das Gegenteil von Flussers Auffassung behauptet. Sie stammt aus dem "Antichrist" und wird von Jaspers in seinem Kapitel über Jesus aufgegriffen. Jaspers stellt fest, daß Nietzsche meint: "Jesus ist kein Held, ist kein Genie, eher noch paßt das Wort Idiot (von Nietzsche offenbar im Sinne Dostojew-

sers Interpretation der Persönlichkeit Jesu zu, könnte man von Buddha als "religiös-philosophischem Genie" sprechen. Der Begriff des Genies scheint mir aber zu kurz gegriffen zu sein, und zwar sowohl im Hinblick auf Buddha als auch auf Jesus, bedenkt man, daß beide Persönlichkeiten Lehren, vor allem auch aus ethischer Perspektive, hervorgebracht haben, die derartig tiefgründig sind, daß sie zuerst einmal ihresgleichen suchen. Der junge Hegel spricht von dem "über Moralität erhabenen Geist Jesu".[22] Flusser kommt im Hinblick auf die Lehre des Jesus zu demselben Ergebnis wie Hegel (vgl. Kapitel II 0, Anm. 6). Die Charakterisierung Hegels scheint mir den Kern der Persönlichkeit Jesu aus ethischer Perspektive zu treffen. Sie kann auf Buddha unmittelbar übertragen werden. Diese wesentliche, aus ethischer Perspektive gesehene Kennzeichnung beider Persönlichkeiten wirkt sich vor allem sowohl in der Lehre des Buddha wie auch in der des Jesus aus: Beide Lehren weisen über die Moralität hinaus, ohne sie zu leugnen, und zwar im Sinne eines ethischen Weges. In der Lehre des Buddha kommt dieser "Sachverhalt" explizit zum Ausdruck (vgl. die Abschnitte I 4.1.2 und I 4.2.5.3), in der Lehre des Jesus entsteht dieser Eindruck bei intensiver Beschäftigung mit derselben. Für

---

skijs gemeint).": Jaspers 1995, 200. Ich füge dazu ein Zitat Nietzsches an, das von Flusser im Anhang seines Buches unter "Zeugnisse" angeführt wird: "Man hätte zu bedauern, daß nicht ein Dostojewskij in der Nähe dieses interessanten décadent gelebt hat, ich meine, jemand, der gerade den ergreifenden Reiz einer solchen Mischung von Sublimem, Krankem und Kindlichem zu empfinden wußte.": Nietzsche, zit. n. Flusser 1995, 149. Jaspers bezieht Stellung zu Nietzsches Ansicht über Jesus: "Nietzsches Interpretation wird wohl niemanden überzeugen. Es genügt nicht, Jesus durch Franz von Assisi zu sehen. Wohl sind aus Worten des Evangeliums diese Linien herauszuheben. Aber sie sind nicht die einzigen. In den Evangelien begegnet Jesus als eine elementare Gewalt, in ihrer Härte und Aggressivität nicht minder deutlich als in jenen Zügen unendlicher Milde ... Es geht nicht an, aus Jesus eine duldende, weiche, liebende Gestalt zu machen, noch weniger einen nervösen, widerstandslosen Menschen.": Jaspers 1995, 200f.

[22] Vgl. Hegels theologische Jugendschriften. Nach den Handschriften der Kgl. Bibliothek in Berlin hg. v. Herman Nohl. Tübingen 1907 und Frankfurt am Main 1966. 266.

die Selbsterziehung des einzelnen Menschen hat dieser "Sachverhalt" deshalb große Bedeutung, weil er nicht nur den Prozeßcharakter der ethischen Selbstbildung veranschaulicht, sondern auch auf einen erhabenen Punkt im Sinne eines erstrebenswerten Zieles hindeutet, der den prozeßhaften Weg der ethischen Selbsterziehung des einzelnen Menschen zu tragen vermag. Der einzelne Mensch erlangt gewissermaßen durch Gewahrwerden und Verstehen dieses "erhabenen Punktes" eine grundlegende Motivation, den beschwerlichen und anstrengenden Weg der ethischen Selbsterziehung "gehen" zu wollen.

Darauf hinweisen möchte ich auch noch, daß die Übersetzungen im II. Kapitel eigenständige Übersetzungen aus dem altgriechischen Original unter Zuhilfenahme der Elberfelder Übersetzung des Neuen Testamentes sind. Ich habe die Übersetzungen an wichtigen Stellen mit verschiedenen Übersetzungsmöglichkeiten versehen, um zu verdeutlichen, daß jede Übersetzung bereits eine Interpretation darstellt, die einen spezifischen Eindruck hinterläßt. Das Anführen von mehreren Übersetzungsmöglichkeiten birgt zugleich den Nebeneffekt in sich, daß man bei einer spezifischen Stelle länger und damit konzentrierter verweilt, so daß sich ein "nuancierteres" Verstehen, was den Sinngehalt dieser spezifischen Stelle betrifft, einstellen kann.[23] Im I. Kapitel habe ich auf die deutsche Übersetzung der Anthologie des renommierten Indologen und Religionswissenschaftlers Hermann Oldenberg

---

[23] Vgl. dazu den letzten Absatz des Kapitels II 0.
Die Elberfelder Übersetzung des Neuen Testamentes gehört zu den wenigen Übersetzungen, die in der Übersetzung sich bemüht, möglichst nahe am Originaltext zu bleiben und dabei, soweit möglich, auch noch ein gutes Deutsch zu bieten. In diesem Zusammenhang sei auch noch die Studienübersetzung des "Münchener Neuen Testamentes. Hg. v. Josef Hainz. Düsseldorf [4]1995" empfohlen, die ihre Übersetzung streng an den Originaltext hält (sogar die Partizipien des Originaltextes nicht auflöst) und dabei auf gutes Deutsch zugunsten der wortgetreuen Übersetzung verzichtet. Empfohlen sei des weiteren noch "Josef Schmid: Synopse der drei ersten Evangelien mit Beifügung der Johannes-Parallelen. Regensburg [9]1983", anhand derer man die Parallelstellen, vor allem die der Synoptiker, sich veranschaulichen kann.

und auf die deutschen Übersetzungen wichtiger Stellen verschiedener Autoren aus der Sekundärliteratur zurückgreifen müssen und auch dürfen, weil ich der altindischen Pali-Sprache nicht mächtig bin. Dies erschien mir im Rahmen einer Arbeit, die innerhalb der Erziehungswissenschaft ihren Ort hat, berechtigt.[24] Im Hinblick auf die in dieser Arbeit verwendeten Sekundärliteratur, die sich mit dem historischen Buddha und seiner Lehre beschäftigt hat, möchte ich feststellen, daß dieselbe auf mich, von Ausnahmen abgesehen, einen vorzüglichen Eindruck hinterlassen hat, was nicht nur an der Qualität der Forscher, sondern auch wohl daran liegt, daß die Sichtweise der Autoren dieser Literatur die religionswissenschaftliche Sichtweise ist, die - in diesem Fall - von buddhistischer Dogmatik erst einmal befreit ist und relativ "ungestört" von außen her die buddhistischen Texte studieren konnte. Bei der in dieser Arbeit verwendeten Sekundärliteratur, die sich mit

---

[24] In diesem Zusammenhang möchte ich noch bemerken, daß ich die Anthologie von Hermann Oldenberg für geeignet halte, und zwar als Einstieg in die buddhistischen Quellen, weil in dieser, so weit ich sehe, die wichtigsten Stellen hinsichtlich der Lehre des Buddha enthalten sind und zudem die in den buddhistischen Quellen ständig vorkommenden Wiederholungen so abgekürzt werden, daß die Texte für den "abendländischen Leser" zunächst erträglich gestaltet sind. Eine kleine einführende Anthologie in Grundtexte der buddhistischen Quellen bietet zudem Ilse-Lore Gunsser: "Reden des Buddha. Aus dem Pali-Kanon übersetzt von ders. Mit einer Einleitung von Helmuth von Glasenapp. Stuttgart 1957". In der Anthologie von Klaus Mylius (siehe Anm. 14) kann sich der Leser zum einen eine Übersicht über den Pali-Kanon verschaffen und zum zweiten vor allem einen Eindruck über die sehr langen Suttas (Lehrreden) des Buddha aus dem Dighanikaya (Mylius berücksichtigt drei Suttas aus dem Dighanikaya in seiner Anthologie) mit den eben erwähnten, für den abendländischen Leser ungewohnten, zahlreichen Wiederholungen, die selbst Mylius an nicht wenigen Stellen abkürzt, verschaffen. Gerade die Quellen-Texte des Dighanikaya enthalten nach den Ergebnissen der Forschung der Indologen und Religionswissenschaftler im Vergleich zum Majjhima-, Samyutta-, Anguttara- und Khuddakanikaya viel von den ältesten Texten, was vor allem die Lehrreden, die auf den historischen Buddha zurückgehen, anbetrifft, wenngleich die anderen vier Nikayas ebenso erhebliche Teile von den ältesten Texten, vor allem bezüglich der Lehre des Buddha, wie der Dighanikaya enthalten, jedoch im unterschiedlichen Grade, was die Intensität und Konzentration der Sammlung der Texte betrifft: Vgl. dazu Leider 1968, 80 und Mylius: siehe Anm. 14, 44-47.

dem historischen Jesus und seiner Lehre exegetisch-historisch-kritisch auseinandergesetzt hat - das waren in der Regel jüdische und christliche Autoren -, war bei mir vielfach der Eindruck vorhanden, daß etliche Autoren von jüdischer und christlicher Dogmatik beeinflußt sind. Diese Sichtweise ist die theologische Sichtweise, die sich einer spezifischen Religion, in diesem Fall dem Judentum und dem Christentum gegenüber, verpflichtet fühlt. So berechtigt diese Sichtweise aus religiöser Perspektive ist, so kann sie aber auch dazu führen, daß aus historisch-kritischer Forschung gewonnene wichtige Sachverhalte von manchen Autoren häufig eher indirekt als ausdrücklich ausgesprochen werden, so z.B. die bei Conzelmann-Lindemann gut begründete (und von ihnen ausgesprochene) Tatsache, daß der historische Jesus sich weder als Messias noch als Sohn Gottes noch als Menschensohn bezeichnet hat (vgl. Kapitel II 3, Anm. 4). Dieses Zugeständnis berührt noch nicht einmal das christliche Glaubensbekenntnis, das sich durch die fundamentaltheologische Argumentation der Synthese "historischer Jesus - kerygmatischer Christus" jederzeit rechtfertigen läßt, die besagt, daß die Autoren der vier kanonischen Evangelien (in erster Linie natürlich die synoptischen Evangelien) aus Glaubensgründen heraus den kerygmatischen Christus (also den verkündigten auferstandenen Jesus als Sohn Gottes) mit dem "irdischen", also historischen Leben des Jesus und natürlich auch mit seiner Lehre verbanden. Daß dieses Glaubensbekenntnis nur innerhalb der christlichen Religion seinen Ort hat, ist dabei selbstverständlich.[25] Daß jüdische Autoren

---

[25] Als Ergänzung zur Sekundärliteratur, die sich mit dem historischen Buddha und seiner Lehre beschäftigt, sei an dieser Stelle das in meiner Arbeit nicht berücksichtigte, aber vorzügliche Buch von "Richard Pischel: Leben und Lehre des Buddha, durchgesehen von H. Lüders (Aus Natur und Geisteswelt 109) Leipzig-Berlin [3]1917" empfohlen.

Zur fundamentaltheologischen Argumentation der Synthese "historischer Jesus - kerygmatischer Christus" vgl. die Ausführungen in: Lehmann, Karl: Die Frage nach Jesus von Nazaret, in: Handbuch der Fundamentaltheologie, Bd. 2: Traktat Offenbarung, hg. v. Walter Kern, Hermann Josef Pottmeyer, Max Seckler, Freiburg-Basel-Wien 1985, 122-144.

der gut begründeten Tatsache, daß sich der historische Jesus weder als Messias noch als Sohn Gottes noch als Menschensohn bezeichnet hat,

---

Lehmann kommt in seinem Aufsatz hinsichtlich der "gar nicht zu leugnende(n) Spannung zwischen dem 'geschichtlichen Jesus' und dem 'Christus des Dogmas'" (S.130) zu dem Ergebnis: "Damit ist auch klar, daß allein vom historischen Jesus aus theologisch-systematisch keine ausreichende Christologie entwickelt werden kann. Jedenfalls darf für die systematische Theologie, besonders für die Dogmatik, der von den Texten der Schrift her unvermeidliche Nexus zwischen der Geschichte Jesu und dem nachösterlichen Kerygma nicht schlechthin aufgelöst werden. In theologischer Absicht kann es also keine exklusiv und rein historische Rekonstruktion des Lebens Jesu geben.": Ders., 135.

Es ist bezeichnend, daß die christliche Theologie meistens vom "Leben Jesu" spricht und nicht zu der Differenzierung "das Leben und die Lehre Jesu" gelangt, wobei mit dem Begriff "Leben" innerhalb dieser Differenzierung keine chronologische Abfolge des Lebens Jesu gemeint ist (diese ist aufgrund der historisch-kritischen Ergebnisse nicht möglich), sondern eine (nicht-chronologische) Zusammenstellung höchst wahrscheinlicher bis wahrscheinlicher Lebensdaten und Ereignisse, die das konkrete Leben des historischen Jesus betreffen. Hier wird von der christlichen Theologie meines Erachtens unausgesprochen eine Gründung der christlichen Kirche nicht nur durch den auferstandenen, sondern auch durch den historischen Jesus vorausgesetzt. Conzelmann-Lindemann, beide Professoren (Conzelmann mittlerweile im Jahr 1989 verstorbener Professor) für Neues Testament, kommen aber in Anwendung der historisch-kritischen Methode zu dem Ergebnis: "Die christliche Kirche ist nicht von Jesus gegründet worden. Zwar führt das Wort vom 'Fels' (Mt 16,17-19) die Stiftung der Kirche auf Jesus selbst zurück und auch der Wiederholungsbefehl in den Abendmahlsworten zielt auf eine kirchliche Praxis. Aber diese Aussagen sind mit größter Wahrscheinlichkeit nachösterlich und setzen die Existenz der Kirche bereits voraus.": Conzelmann, Hans - Lindemann, Andreas: Geschichte des Urchristentums, in: Dies.: Arbeitsbuch zum Neuen Testament (UTB 52) Tübingen [11]1995, 497-556, 506.

Conzelmann-Lindemann kommen des weiteren zu dem Ergebnis: "Jesus hat die Zugehörigkeit zu einer festen Gruppe nicht als Bedingung des Heils angesehen. Seinen Anhängern hinterließ er keine Organisation mit Regeln und Normen.": Dies. 1995, 468.

In diesem Zusammenhang möchte ich feststellen, daß ich es für nicht angemessen halte, den historischen Jesus und den historischen Buddha als Stifter oder Begründer des Christentums bzw. Buddhismus anzusehen. Vielmehr sind das Christentum und der Buddhismus nach meiner Ansicht geschichtliche Folgeerscheinungen, die sich vor allem aus den ursprünglichen Lehren des Jesus und Buddha entwickelt haben, um dieselben zu einer jeweils für viele Menschen lebbaren und annehmbaren Religion oder Philosophie oder beides zugleich "weiterzuentwickeln".

zustimmen, ist klar. Bei den jüdischen Autoren hat man jedoch den Eindruck, daß sie nicht wahrnehmen wollen, daß die Lehre des historischen Jesus - in meinen Augen eindeutig - über das Judentum hinausweist, ohne es an sich zu leugnen. Deshalb herrscht in der jüdischen Literatur spürbar die Tendenz der Relativierung vor, die durch jüdische Dogmatik bedingt ist und die sich darin äußert, daß Jesus als großer jüdischer Mensch angesehen wird. Diese Sichtweise ist durchaus ehrenvoll, aber aus historisch-kritischer Sichtweise zu kurz gegriffen, weil sie die Dynamik der Persönlichkeit und vor allem der Lehre des Jesus verkennt, die nach meiner Ansicht in einer neuen, tiefen Erkenntnis gründet, die wie bei Buddha eine Synthese eines Aha-Erlebnisses (analytisches Verstehen der vorgefundenen jüdischen Gedanken) mit einem Oh-Erlebnis (beglückende schöpferische Intuition aufgrund übernommener und eigener Erkenntnisse) zur Folge hatte.[26] In diesem Zusammenhang nimmt meines Erachtens die Interpretation bezüglich der Persönlichkeit und der Lehre des Jesus von Karl Jaspers eine bedeutende Position ein. Jaspers hat in meinen Augen den Grundtenor und das Grundanliegen der Lehre des historischen Jesus erfaßt, wenn er auch hier und da veraltete Angaben anführt, die aber eher sekundären Charakters sind, was das Verstehen der ursprünglichen Lehre, die Jesus gegeben hat, anbetrifft. An dieser Stelle möchte ich gegenüber dem Leser nicht verhehlen, daß ich die philosophische Konzeption von Karl Jaspers "Die vier maßgebenden Menschen: Sokrates, Buddha, Konfuzius, Jesus" für überzeugend halte und daher derselben nahe stehe, wenngleich ich betonen möchte, daß es in erster Linie natürlich auf die Lehren dieser vier maßgebenden Menschen ankommt, was Jaspers in seinen Kapiteln zu den maßgebenden Menschen auch herausarbeitet, im oben genannten Titel jedoch nicht sofort deutlich wird.[27] In diesem Zusammenhang führe ich ein Zitat des

---

[26] Vgl. dazu den letzten Absatz des Abschnittes I 2.3.3.

[27] Als Randnotiz sei hier noch vermerkt, daß Karl Jaspers sein Werk "Die großen Philosophen, Band 1", darin "Die vier maßgebenden Menschen" erst im

geisteswissenschaftlichen Pädagogen Eduard Spranger an, der im Hinblick auf Sokrates und Jesus bemerkt: "Bei Gestalten wie Sokrates und Jesus hat man den Eindruck, daß die Zeitgenossen dieser gewaltigen Größe und Eigenart mit ihrem Verständnis nicht entfernt gewachsen waren."[28] Dieses Zitat läßt sich meines Erachtens unmittelbar auf Buddha und Konfuzius übertragen. Hinweisen möchte ich auch noch im Sinne einer Ergänzung auf das in meiner Arbeit nicht vorkommende Kapitel "Das Leben Jesu" in "Hegels theologischen Jugendschriften".[29] Es handelt sich dabei um eine kurze chronologische Nacherzählung der vier Evangelien mit kurzen philosophischen Interpretationen Hegels an wichtigen Stellen. Hegel hat dieses Kapitel vom 9. Mai bis zum 24. Juli 1795, also mit 25 Jahren, verfaßt,[30] war daher noch nicht in Kenntnis moderner historisch-kritischer Forschung, die erst zu Beginn des 19. Jahrhunderts einsetzte. Dennoch vermag Hegel trotz Darstellung und Interpretation einiger unhistorischer Stellen, an historisch beglaubigten Stellen pointierte, feinsinnige Interpretationen anzubieten, die der Grundintention der Lehre des historischen Jesus meines Erachtens nahe kommen, so z.B. wenn Hegel, im Zusammenhang mit der Geschichte, in der eine Prostituierte Jesus aus "Reue und Dankbarkeit" die Füße salbt (vgl. Lk 7,36-50), von "edlen Empfindungen" der Frau spricht.[31] Interessant ist auch Hegels Interpretation der kurz darauffolgenden Stelle (vgl. Lk 8,9f; vgl. auch Mk 4,10-12 bzw. Mt 13,10-15), in der Hegel den Begriff

---

Alter von 73 Jahren, also im hohen Mannesalter, vollendet hat und daß er mit einer jüdischen Frau verheiratet war.

28 Spranger: siehe Anm. 2, 424.

29 Vgl. Hegels theologische Jugendschriften: siehe Anm. 22, 73-136.

30 Vgl. ders., 75, Anm. 1.

31 Vgl. ders., 91f.

An dieser Stelle spricht Hegel von der "Kälte solcher edlen Empfindungen", offenbar im Kontrast zur "Hitze der auf die sinnlichen Begierde sich beziehenden heißen Gefühle". Man wird den jungen Hegel hier korrigieren dürfen und angemessener von der "Kühle solcher edlen Empfindungen" sprechen dürfen.

des "Reiches Gottes" als Metapher für die Stimmung des Erhabenen (wörtlich bei Hegel: "die erhabenen Ideen von dem Reiche Gottes") bezeichnet.[32] Hegel läßt an der zuletzt genannten Stelle in Interpretation Jesus den Satz aussprechen: "Wer Anlagen hat, etwas Besseres in sich aufzunehmen, der kann Nutzen aus meinen Lehren ziehen ..."[33] Hegel deutet die Lehre Jesu also eigentlich eher philosophisch als theologisch. Wichtig ist, daß er ausdrücklich von der Lehre Jesu und der Wichtigkeit der Erfüllung derselben spricht, wobei er einigemal die gegenseitige Abhängigkeit von Denken und Fühlen, die sich dabei im einzelnen Menschen ereignet, herausarbeitet. Man muß allerdings in diesem Zusammenhang erwähnen, daß der junge Hegel bereits deutlich von der Philosophie Kants beeinflußt ist. So greift er mehrere Male in seinem Kommentar auf die Philosophie Kants zurück, so z.B. zu Anfang, als er ausdrücklich von dem "ewige(n) Gesetz der Sittlichkeit" (gemeint ist der kategorische Imperativ) spricht.[34] Festzuhalten bleibt aus Hegels Interpretation der Lehre Jesu für meine Begriffe vor allem die Tatsache, daß der einzelne Mensch in sich bewußtes Denken und bewußtes Wahrnehmen der Gefühle anwenden muß, sofern er der Lehre Jesu folgen und nach derselben handeln will,

---

32 Vgl. ders., 92.

33 Ebd.

34 Vgl. ders., 78.

An einer prägnanten Stelle beschreibt Hegel das Sittengesetz (den kategorischen Imperativ) Kants, das er Jesus in den Mund legt, in folgender Weise: "Dieses innerliche Gesetz ist ein Gesetz der Freiheit, dem sich, als von ihm selbst gegeben, der Mensch freiwillig unterwirft, es ist ewig, in ihm liegt das Gefühl der Unsterblichkeit ...": Ders., 98.

Erstaunlich ist, daß Hegel den ganzen Kommentar hindurch Jesus, so weit ich sehe, nur einmal den Ehrentitel "Christus" zuweist (S. 89). Des weiteren läßt Hegel Jesus die Erwartung eines Messias zurückweisen (S. 81) und stellt indirekt spürbar klar, daß die Bezeichnung "Messias" im Hinblick auf Jesus selbst an sich gar nicht geeignet sei (S. 96f). Hegel ist hier offensichtlich von der Ansicht Kants beeinflußt, der bereits feststellte, daß Christus als Sohn Gottes keine historische Gestalt sei. Er sei nur die "personifizierte Idee des sittlichen Prinzips". Jeder Mensch könne Gottes Sohn werden und sollte es

weil er nur in der Anwendung von bewußtem Denken und bewußtem Wahrnehmen der Gefühle, die sich gegenseitig bedingen, Fortschritte in sittlich-moralischer Hinsicht im Sinne einer prozeßhaften Lernerfahrung erzielen kann und sich damit folglich im Prozeß der Selbsterziehung befindet.

Zum Begriff des "Wegweisers" möchte ich noch einige Bemerkungen anführen. Glasenapp charakterisiert diesen Begriff im Hinblick auf Buddha folgendermaßen: "Ein Buddha ist ... nicht ein Heiland, der einen anderen durch seine Gnade ohne dessen Zutun erlöst, sondern ein Wegweiser, der den Pfad zum Heil nur zeigen, aber nichts dazu tun kann, daß der Unterwiesene ihn auch geht. Deshalb heißt es im Dhammapada 276: 'Ihr selbst müßt euch anstrengen, die Vollendeten verkünden nur.'"[35] Hegel läßt Jesus im Rahmen seiner Interpretation von Joh 14,15-31 zu seinen Jüngern aussprechen: "... Ihr seid Männer geworden, die ohne fremdes Gängelband sich endlich selbst anzuvertrauen sind - wenn auch ich nicht mehr bei euch bin, so sei von nun eure entwickelte Sittlichkeit euer Wegweiser; ehret mein Andenken, meine Liebe zu euch dadurch, daß ihr den Weg der Rechtschaffenheit (also meine Lehre) verfolgt, auf den ich euch geleitet habe ... Denn nur durch eigne Erfahrung und Uebung werdet ihr Selbständigkeit bekommen, und lernen euch selbst zu führen ..."[36] Die Quintessenz der Zitate von Glasenapp und Hegel aus pädagogischer Perspektive ist die, daß nicht nur Buddha, sondern auch Jesus als Wegweiser einer Selbsterziehung des Menschen bezeichnet werden können, weil sie jeweils den einzelnen Menschen auf ihre Lehren verweisen, die jeder einzelne Mensch selbst umsetzen muß. Somit sind Buddha und Jesus aus hermeneutisch-historisch-kritischer und pädagogischer Perspekti-

---

werden. Der Mensch soll in der Sittlichkeit nur aus sich und in Freiheit handeln: Vgl. Hirschberger: siehe Anm. 7, 351.

35 Glasenapp: siehe Anm. 1, 75.

36 Hegels theologische Jugendschriften: siehe Anm. 22, 125f.

ve "lediglich" Autoritäten, die im Sinne von Wegweisern auf ihre Lehren "zeigen" bzw. hinweisen (vgl. dazu den letzten Absatz des Kapitels III 5), die von dem einzelnen Menschen im Sinne einer Selbsterziehung zuerst aufzunehmen und zu überprüfen sind, um dieselben danach erst "authentisch" verwirklichen zu können. Im Hinblick auf die Selbsterziehung des einzelnen Menschen ist folglich festzuhalten, daß es nicht um eine "Huldigung" der Persönlichkeiten Buddha und Jesus geht, sondern darum, ihre Lehren in ihrem eigentlichen Sinngehalt und ihrer Tragweite zu verstehen, um sie damit für den Selbsterziehungsprozeß anwenden zu können.[37]

Darauf hingewiesen sei, daß sowohl Buddha als auch Jesus von buddhistischer und christlicher Dogmatik her charakterisiert und eingeordnet wurden. Romano Guardini, der renommierte katholische Theologe bemerkt: "Einen Einzigen gibt es, der den Gedanken eingeben könnte, ihn in die Nähe Jesu zu rücken: Buddha. Dieser Mann bildet ein großes Geheimnis. Er steht in einer erschreckenden, fast übermenschlichen Freiheit; zugleich hat er dabei eine Güte, mächtig wie eine Weltkraft. Vielleicht wird Buddha der Letzte sein, mit dem das Christentum sich auseinanderzusetzen hat ... Ein Einziger hat ernsthaft versucht, Hand ans Sein selbst zu legen: Buddha. Er hat mehr gewollt, als nur besser zu werden, oder, von der Welt ausgehend, den Frieden zu finden. Er hat das Unfaßliche unternommen, im Dasein stehend das Dasein als solches aus den Angeln zu heben. Was er mit dem Nirvana gemeint hat, mit dem letzten Erwachen, mit dem Aufhören des Wahns und des Seins, hat christlich wohl noch keiner

---

[37] Jaspers kommt zu dem Ergebnis: "... Ehrfurcht vor der Größe ist nicht Menschenvergötterung. Jeder Mensch, auch der größte, seltenste, kostbarste, bleibt Mensch. Er ist von unserer eigenen Art. Nicht Kult ist ihm angemessen, sondern das Sehen seiner Wirklichkeit in ihrer Schleierlosigkeit, in der die Größe erst gewiß wird. Nicht in der Mythisierung ist das Große zu bewahren, sondern im Erblicken der gesamten Realität des großen Menschen ... Wir würden die eigentliche Ehrfurcht verletzen, wenn wir vergöttern.": Jaspers, Karl: Einleitung, in: Ders.: siehe Anm. 8, 29-101, 33.73.

verstanden und beurteilt."[38] In einem anderen Buch geht Guardini indirekt auf die Lehre des Buddha ein: "Von der Frage der Wahrheit seiner Botschaft (gemeint ist die Lehre des Buddha) einmal abgesehen, macht sein Leben den Eindruck, als ob darin die Welt zur Klarheit gelange ... Ihr innerstes Gesetz wird entdeckt, um sie zu bezwingen, ja aufzuheben."[39] Guardini erkennt in seinen beiden Büchern ausdrücklich die große Gestalt des Buddha an, betont aber auch die Einzigartigkeit des Jesus als Christus gegenüber Buddha. Dies wird aus den Stellen aus seinem Buch "der Herr" deutlich, in denen er Buddha thematisiert und einigemal mit Jesus als Christus vergleicht.[40] Als Quintessenz und Bestätigung meiner eben angeführten These sei folgender Satz von Guardini zitiert: "Eines aber ist sicher: Christus steht der Welt ganz anders gegenüber als Buddha: Er setzt einen schlechthinnigen Anfang."[41] Bezeichnend ist, daß bei Guardini die Lehre des Buddha nur eine untergeordnete Rolle spielt. Sie wird allenfalls sporadisch zum Thema[42] und vor allem in ihrer ethischen Ausrichtung überhaupt nicht erörtert. Man begegnet hier einem für die christliche Dogmatik typischen Phänomen, nämlich dem, daß zwischen Leben und Lehre Jesu nicht explizit unterschieden wird (vgl. dazu meine Ausführungen in der Anm. 25) und diese Unterscheidung im Hinblick auf Buddha (Leben und Lehre des Buddha) auch von Guardini nicht, abgesehen von der Stelle in der Anm. 42, aufgeführt wird. Dadurch wird "Buddha" fast ähnlich wie Jesus als "Christus" "vergöttlicht", wobei seine Lehre eher beiläufig erscheint. Man wird

---

38 Guardini, Romano: Der Herr. Betrachtungen über die Person und das Leben Jesu Christi, Würzburg ^{6}1950, 355f.

39 Ders.: Die menschliche Wirklichkeit des Herrn. Beiträge zu einer Psychologie Jesu, Würzburg ^{2}1965, 41.

40 Vgl. das Stichwort "Buddha" im Sachregister des Buches "Der Herr": siehe Anm. 38, 638.

41 Ders., 357.

42 So z.B. in seinem Buch "Die menschliche Wirklichkeit des Herrn": siehe Anm. 39, 42.

Guardini dennoch zugute halten dürfen, daß er "Buddha" überhaupt innerhalb der christlichen Dogmatik zur Sprache gebracht und somit zumindest ein Anklang auf seine Lehre bewirkt hat. Im Gegensatz zur christlichen vermag die buddhistische Dogmatik bei einem Vergleich von Buddha und Jesus, die Ethik, und damit einen wichtigen Schwerpunkt der ursprünglichen Lehren beider, in das Zentrum zu stellen, wobei aber der Mensch Jesus "buddhistisch" interpretiert wird: "An der Ethik der Bergpredigt bewundern die Buddhisten die Übereinstimmung mit den Lehren Buddhas. Sie sehen Jesus jedoch nicht als einen Buddha, sondern als einen auf dem Wege der Vollendung fortschreitenden Bodhisattva an, weil er noch nicht von aller Leidenschaft frei war."[43] Man sieht aus diesem Zitat, daß es aus buddhistischer Sicht vor allem auf die Lehre und deren Befolgung ankommt. Der Ehrentitel spielt dabei eher eine untergeordnete Rolle, wenngleich er nicht ohne Bedeutung ist.

Zum jetzt vorliegenden Text der Arbeit möchte ich noch anmerken, daß er fast vollständig mit dem Text meiner Diplomarbeit aus dem Jahr 1997 übereinstimmt. Nur an einigen wenigen Stellen des Textes habe ich behutsame Korrekturen vorgenommen, um das Verständnis des Textes an diesen Stellen zu erleichtern.

Für denjenigen Leser, der sich eine Darstellung und Interpretation des Begriffes der Selbsterziehung in abendländischer Pädagogik und Philosophie wünscht, möchte ich auch noch auf meine Dissertation mit dem Titel "Selbstbestimmung und Selbsterziehung des Menschen.

---

43 Glasenapp: siehe Anm. 1, 433.
Vgl. dazu die Sichtweise des Dalai Lama im Hinblick auf Jesus im Schlußwort, Anm. 4. Hierzu ist noch anzumerken, daß der Dalai Lama den Begriff des "Bodhisattvas" im philosophisch-religiösen Verständnis des Mahayana-Buddhismus versteht und nicht, wie derselbe im ursprünglichen Verständnis des Theravada-Buddhismus erscheint. Das Verständnis des Bodhisattva-Begriffes aus der Sichtweise des Theravada-Buddhismus wird im Abschnitt I 2.2.2.1, Anm. 21 von Schneider kurz und prägnant erklärt.

Untersuchungen im deutschen Idealismus und in der geisteswissenschaftlichen Pädagogik" hinweisen, die bereits im ibidem-Verlag veröffentlicht ist.

Danksagen möchte ich schließlich Herrn Prof. Dr. Dr. h.c. Werner Spies, der als Erstgutachter die Arbeit ermöglicht hat, sowie meinen Familienangehörigen, vor allem meinen Eltern, für ihr Verständnis und die gewährte finanzielle Unterstützung sowie Herrn Andreas Förster und besonders Frau Martina Herbst, die das Manuskript meiner Diplomarbeit jeweils in den Jahren 1997 und 2004 in Druckform gebracht haben, sowie Herrn Markus J. Beyer, Herrn Dr. Joseph Tewes und Herrn Prof. Dr. Hans Gängler für die hilfreichen und informativkritischen Gespräche, die ich mit ihnen führen durfte.

Bochum, im März 2004 Uwe Schulz

Einleitung

In dieser Arbeit wird es um die Selbsterziehung des Menschen gehen. Er vermag eine solche aber nur dann umzusetzen, wenn ihm Orientierungen an die Hand gegeben werden. Solche selbsterzieherischen Orientierungen finden wir in hohem Maß in den Lehren Buddhas und Jesu. Nimmt man Leben und Persönlichkeit beider hinzu, so können sowohl Buddha wie auch Jesus als Wegweiser einer Selbsterziehung des Menschen bezeichnet werden. Wir werden in dieser Arbeit versuchen, zuerst einen Eindruck von Leben, Persönlichkeit und Lehre beider zu gewinnen (Teile I und II), um dann die Selbsterziehung des Menschen zu thematisieren (Teil III).[1]

Es ist zu beachten, daß, wenn wir uns mit Buddha und Jesus auseinandersetzen, wir uns in eine religiös-universale Betrachtungsweise begeben. D.h. nicht nur das Leben des Menschen hier und jetzt ist von Interesse, sondern genauso die Beantwortung der Frage, was aus dem Menschen nach seinem Tod werde, bleibt stets im Blickpunkt. Dieser Blickpunkt ist derjenige des religiösen Menschen. Der religiöse Mensch ist nämlich davon überzeugt, daß es eine von dieser Welt verschiedene, grundsätzlich andere Wirklichkeit gebe. Diese Wirklichkeit ist für ihn wichtiger als alles Diesseitige, ja er orientiert alle innerweltlichen Werte, alle diesseitigen Belange an dieser "metaphysischen Instanz". Der weltliche, nichtreligiöse Mensch hingegen orientiert sich allein an dem, was die diesseitige Welt, die innerweltlichen Gegebenheiten ihm zu bieten haben. Er fragt nicht nach einer metaphysischen Verankerung und interessiert sich nicht für eine solche. Man kann den religiösen Menschen auch als denjenigen beschreiben, der zumeist ein abstraktes Ziel (die "Erlösung" oder das

---

1 Einen ersten Eindruck von beiden Persönlichkeiten gewinnt man z.B., indem man die erste Lehrrede von Benares (Reden des Buddha 1993, 92-99) und das 10. Kapitel des Mk *langsam* liest und anschließend unreflektiert auf sich wirken läßt.

"Heil")[2] verfolgt, während der weltliche Mensch eher das konkrete Hier und Jetzt betont, ohne eine solche "Erlösung" oder ein solches "Heil" zu thematisieren.[3]

Spezifische Einführungen befinden sich jeweils zu Beginn der Teile I und II.

---

2 Die Erlösung bzw. das Heil ist für den religiösen Menschen die Sehnsucht nach einer "besseren Wirklichkeit". Für den Anhänger des Buddha ist das Heil das Nirvana: Die Befreiung aus dem Kreislauf von Geborenwerden und Sterben: Vgl. Gäng 1996, 122. Für den an Gott glaubenden Menschen ist der zeitlose Gott das Heil, wie es im Ps 90 heißt: "Herr, du warst unser Unterschlupf (Zuflucht) von Geschlecht zu Geschlecht! Ehe die Berge geboren wurden, Erde und Festland in Wehen lagen - bist du Gott von Ewigkeit zu Ewigkeit! Du führst die Menschen zurück zum Staub, du sprichst: Kommt zurück, Menschenkinder! Denn tausend Jahre sind vor dir wie der gestrige Tag, wenn er vorbeiging, wie eine Wache in der Nacht.": Ps 90,1-4, übersetzt von Marti 1992, 107.

3 Vgl. Schwarzenau 1993a, 207 und Meisig 1995, 9f.

I Buddha: Leben, Persönlichkeit, Lehre

0. Einführung

In der abendländischen Wissenschaft wird, wenn es um die Erforschung des Buddhismus geht, zwischen dem historischen Buddha und seiner Lehre und der späteren buddhistischen Dogmatik unterschieden. Dabei werden zwei Perspektiven eingenommen: Die historisch-kritische und die hermeneutisch-verstehende. Die Historizität Buddhas (563-483 v. Chr.) ist durch eine würdigende Erwähnung auf einer Steinsäuleninschrift in Lumbini (245 v. Chr.) sowie durch den Archäologen W. C. Peppé belegt worden, der im Jahr 1898 bei Ausgrabungen in Nordindien Knochenreste des Buddha in einer Specksteinurne fand. Historische Zeugnisse über das Leben Buddhas lassen sich nur noch aus in Jahrhunderten nach dem Tode des Buddha entstandenen und nur in Kernstücken einigermaßen authentischen Überlieferungen, dem südbuddhistischen Pali-Kanon und dem nordbuddhistischen Sanskrit-Kanon, gewinnen. Sowohl der Pali- wie der Sanskrit-Kanon sind mehr oder weniger ein schwer zu scheidendes Gemisch aus historischen, legendären und dogmatischen Bestandteilen. Wenn auch nicht ein einwandfreies historisches Lebensbild des Buddha herausgearbeitet werden kann, so lassen sich aus den ältesten Berichten doch die wesentlichsten Ereignisse des Buddha und die Grundzüge seiner Lehre glaubwürdig nachzeichnen. Insbesondere die Lehre des historischen Buddha ist von den Lehren der Buddhisten zu unterscheiden. Es geht darum, die Ursprünge der buddhistischen Lehre und damit die Anfänge aller späteren Entwicklungen in das Blickfeld zu rücken.[1] Jaspers formuliert es so: "Die Forscher lehren uns ... die großen Wandlungen des Buddhismus. Die Realität Buddhas soll kritisch gewonnen werden durch Abzug des offenbar Legendären und

---

[1] Vgl. Klimkeit 1990, 21; Schumann 1995, 20; Meisig 1995, 13f.18f; Schumann 1981, 49; Schneider 1992, 20f; Härtel 1957, 1469.

des erweisbar Späteren."[2] Percheron meint: "Es muß ferner betont werden, daß auch der durch die ältesten Texte belegte Buddhismus sehr wahrscheinlich nicht völlig identisch mit dem Urbuddhismus war, mit jenen Lehren, die der Buddha selbst gepredigt hat und seine Zeitgenossen vernahmen. Freilich scheint sicher, daß die Lehre in allen wesentlichen Punkten auf den Buddha zurückgeht, so wenig das im einzelnen zu beweisen ist."[3]

Auf jeden Fall ist zu beachten, daß abendländisches Denken sich vom buddhistischen unterscheidet. Die Voraussetzungen der abendländischen Weltanschauung treffen für den Buddhismus nicht zu. Das beste Beispiel für Fehlschlüsse bzw. -interpretationen des europäisch-abendländischen Denkens hinsichtlich asiatisch-buddhistischen Denkens ist die Gleichsetzung des Nirvanabegriffes mit dem Nichts. Hier wird der Seinsbegriff, dem im Abendland alle Realität zugemessen wurde und wird, dem buddhistischen Denken unterstellt. Tatsache ist jedoch, daß der Buddhismus der Frage der Realität gegenüber eine völlig andere Stellung einnimmt als die abendländische Vorstellung, was in der Erörterung der Lehre des Buddha noch deutlich werden wird. Worte, wie z.B. "Religion", "Erlösung", "Person", "Tod" lösen beim westlichen Leser Assoziationen und Gefühle aus, die nicht übereinstimmen mit denjenigen, die in der Kultur Indiens vor mehr als zweitausend Jahren bestanden. So findet man die europäisch-aristotelische Logik, daß beim Widerspruch zweier Aussagen zumindest eine als falsch gilt, im damaligen indischen Denken in dieser ausschließenden Art und Weise nicht vor. Im Indien Gotamas war es z.B. möglich, die Identität von Sein und Nichtsein zu denken. Für das abendländische Denken, von Hegel abgesehen, dagegen gibt es entweder nur Sein oder nur Nichtsein.[4] Wenn wir uns nun im folgenden mit dem Buddha und seiner Lehre beschäftigen, ist es nötig, sich

---

2 Jaspers 1995, 128.

3 Percheron 1970, 34.

4 Vgl. Gäng 1996, 13; Beckh 1916b, 118f; Zotz 1996, 11-13.

dieses Unterschiedes zwischen abendländischem und buddhistischem Denken stets bewußt zu sein. Nur so können wir den Buddha und seine Lehre wenigstens annähernd verstehen.

1. Der Pali-Kanon als älteste Quelle

Der Pali-Kanon ist im 1. Jh. v. Chr. nach jahrhundertelanger mündlicher Überlieferung niedergeschrieben worden. Er ist die früheste Fixierung von Buddha-Worten in Übersetzung (Buddha sprach Magadhi) und daher erste Quelle des frühbuddhistischen Systems. Erst später (im 1. Jh. n. Chr.) erfolgte die Verschriftlichung der Buddha-Worte in Sanskrit, der Bildungssprache Indiens im nordbuddhistischen Kanon (Sanskrit-Kanon). Der Pali-Kanon ist in drei große Bestandteile (Körbe) aufgeteilt: Der erste Korb enthält die Regeln der Ordensdisziplin, der zweite die Lehrreden Buddhas, der dritte schließlich Texte "buddhistischer Scholastik". Inwieweit der Pali-Kanon Quellenmaterial des historischen Buddha enthält, ist umstritten. Hier ist immer im Einzelfall zu prüfen und zu entscheiden, ob ein historisches Buddha-Wort vorliegt oder ein urbuddhistisches. Faktum ist jedenfalls, daß sich im Pali-Kanon eine Fülle historischer Buddha-Worte nach eingehender Prüfung auffinden lassen. Somit kann als Fazit festgestellt werden, daß der Pali-Kanon ein Kompendium sowohl historischer Buddha-Worte wie auch urbuddhistischer Weiterentwicklungen beinhaltet. Natürlich finden sich auch in der nordbuddhistischen Sanskritliteratur "versteckte historische Buddha-Worte", jedoch bei weitem nicht im gleichen Umfang wie im Pali-Kanon.[1]

---

[1] Vgl. Schumann 1981, 53-59 sowie Leider 1968, 37-50.

Wer sich intensiver mit dem südbuddhistischen Kanon (Pali-Kanon) und/oder dem nordbuddhistischen Sanskrit-Kanon beschäftigen möchte, der lese: Leider 1968, 37-205.

Vgl. auch: Schneider 1992, XIf: Schneider meint, daß aus den Pali-Texten kein authentisches Buddhawort zu entnehmen sei.

2. Das Leben Buddhas

2.1 Buddhas religiöse Umwelt in Nordindien

Die abendländische Forschung ist sich weitgehend einig, daß Siddhattha Gotama (Skt. Siddhartha Gautama) um 560 v. Chr. geboren worden ist, näherhin 563 v. Chr.[1] Er wird in eine Zeit hineingeboren, in der eine religiöse Aufbruchstimmung herrscht. Der vedische Opferkult, die Opferreligion Indiens, wird von den Menschen immer mehr in Frage gestellt, weil er keine Antworten auf existentielle Fragen bietet; zudem entstehen neue religiöse Bewegungen als Protestbewegungen. Da finden sich die Aupanisadas, Vertreter der Upanishaden, eine philosophische Weiterentwicklung der Veden (Veda = heiliges Wissen); die Materialisten als spöttische Ablehner jeglichen "religiösen Treibens"; Asketen, die meinen, durch Selbstpeinigungen jeglicher Art die Erlösung bzw. Befreiung zu erlangen; schließlich die Wandermendikanten, haus-, besitz-, familienlose Wanderer auf der Suche nach der eigenen Erlösung durch Konsultation mit verschiedenen in Geltung stehenden religiösen Meistern.[2]

Bevor wir uns etwas näher mit den Upanishaden und dem Yoga beschäftigen, sei auf die Eigenart religiösen Verstehens in Indien verwiesen. Schneider definiert sie so: "So herrscht, um nur das Wichtigste zu nennen, in den indischen Systemen ein zyklisches Weltbild vor, nach dem sich alles in einem ewigen (d.h. end- und anfangslosen) Kreislauf befindet, mit der einzigen Ausnahme, daß eine Erlösung (aber immer nur des einzelnen!) bleibt ..."[3]

---

[1] Vgl. Schumann 1995, 22ff; Klimkeit meint, Buddha sei 450 v. Chr. geboren: Vgl. Klimkeit 1990, 23f.

[2] Vgl. Schumann 1995, 43-59.

[3] Schneider 1992, 2.

2.1.1 Die Upanishaden

Die Upanishaden ("Geheimtexte", 800-600 v. Chr.) bezeichnen philosophische Lehrtexte, die eine All-Einheitsmystik zur Grundlage haben. Das indische Wort "Upansana" bedeutet so viel wie das gedankliche, ehrfürchtige Fixieren eines hohen Verehrungsobjektes. Wie es überhaupt das Urproblem allen religiösen Denkens ist, so geht es auch in den Upanishaden entscheidend um die Frage: Was wird aus dem Menschen nach seinem Tod?[4] Die Svetasvatara Upanishad gibt Antwort: "Höher noch steht das höchste, große Brahman, in allen Wesen, Schar für Schar, verborgen. Die diesen Herrscher ..., diesen Allumfasser, den Einen kennen, werden frei vom Tode."[5] Diese Einheitsmystik der Upanishaden basiert auf der Vorstellung, daß dem menschlichen Körper ein unvergängliches Selbst, der Atman, innewohnt. Erlösung wird nun durch die Einheit von Atman, der Individualseele, mit dem Brahman, der Universalseele, dem Urgrund aller Dinge, erreicht. Dieses Glücksgefühl der Einheit von Atman mit Brahman kann aber nur durch ein Erkennen erreicht werden, welches darin besteht, daß das All als nichts anderes als das Selbst des Menschen aufgefaßt wird.[6] In dieser Seelenphilosophie der Upanishaden ist der Weg von außen nach innen geebnet, anders ausgedrückt: der Weg der Kontemplation als Innenschau. Wer außerhalb der Welt des Atman bleibt, verfällt oder besser verbleibt im Samsara, der Seelenwanderung, muß durch Kummer und Leid hindurchgehen und wird immer wieder vorübergehende Höllen-, Tier-, Gespenster-, Menschen-, Götter-, ja sogar Pflanzengeburten erleiden, die durch Karman erzeugt sind. Nur wer den Atman als einzige Realität erkennt, wer um ihn weiß, entgeht der ewigen Seelenwanderung, indem er das Brahman als das eigene Selbst, als die eigene Seele erfaßt. Hier tauchen

---

4 Vgl. Leider 1968, 26 und Schmidt 1947, 15.

5 Zit. nach Oldenberg 1923, 241.

6 Vgl. Meisig 1995, 57.

die in Buddhas Lehre später so zentralen Begriffe des Wissens, des Nichtwissens und des Karmans auf. Nichtwissen bezeichnet in den Upanishaden das Nichterkennen des Atmans als einzig vorhandene Realität. Karman bezeichnet die Tat, Handlung, das Werk und ihre Folgen für die zukünftige Wiedergeburt. Es ist das Band, der unzerstörbare psychische Kern einer Existenz zur anderen, dasjenige, was das Bleibende im Wechsel ist. Mit dieser Karmanlehre läßt sich nun das schwierige Problem der gerechten Vergeltung von Gut und Böse lösen: gute Taten haben gute Wiedergeburt, schlechte Taten schlechte Wiedergeburt zur Folge.[7]

2.1.2 Samkhya und Yoga

Wenn im alten Indien vom Yoga die Rede ist, ist das theoretische Yoga vom praktischen Yoga zu unterscheiden. Das theoretische Yoga wird Samkhya genannt. Das Samkhya ist aus der alten vedischen Spekulation entstanden und betont die gegensätzliche Zweiheit der Erscheinungswelt und des außerweltlichen Absoluten. Anders gesagt: Die Samkhya-Philosophie vertritt einen Dualismus von Geist und Materie. Das praktische Yoga nun, einfach Yoga genannt - Yoga bedeutet Hingebung oder Anspannung -, versucht nun die Theorie des Samkhya-Systems in die Praxis umzusetzen, und zwar dadurch, daß das geistige Auge nach innen gerichtet wird mit dem Ziel, sich durch diese Versenkung zu völligem Gleichmut zu sammeln. Im Yogasystem wird nun gesprochen von einer in jeder Seele als Keim schlummernden höheren Wissens- und Bewußtseinsfähigkeit, alle Beschwerden werden auf das Nichtwissen, den Irrtum zurückgeführt, das darin besteht, daß das Ewige, das Reine, das Leidlose, also das wahre Selbst (atman) mit dem unwahrhaften Selbst, dem Nichtewi-

---

[7] Vgl. Leider 1968, 27-30 und Percheron 1970, 8-11.
Eine ausführliche Beschreibung der Upanishadenphilosophie bietet: Oldenberg 1923, 31-174.

gen, Unreinen, Leidvollen verwechselt wird. Die irrige Seele ist getrübt von Leidenschaften, die im Bewußtsein als aktuelle Vorstellungen erscheinen und ihren Grund im potentiellen Unterbewußtsein (samskara) haben.[8]

Im Samkhya-System wird philosophiert über das Werden der Dinge und des Lebens, vor allem über die Unbeständigkeit bzw. Wandelbarkeit der Phänomene. Das Geistige hat seine Grundlage im Sein, das Ungeistige im Werden und Geschehen. Im Ungeistigen vollzieht sich das rein objektive, unbewußte Leiden. Wer das Leiden überwinden will, muß es in das Bewußtsein erheben.[9]

Im Yoga nun wird die Loslösung des Geistes von dieser Welt praktiziert, körperlich durch Disziplinierung des Atems, der als Sitz des Lebens gilt, "seelisch" durch Kontrolle der Gedanken.[10] Dabei ist immer zu beachten, daß der Yoga den Glauben an ein absolutes Wesen, dem Brahman voraussetzt, welches als identisch mit dem eigenen Selbst aufgefaßt wird. Ziel des Yoga ist es, das eigene Selbst aus der Verflechtung in Welt und Weltleiden loszulösen.[11]

2.2 *Lebenserfahrungen Gotamas bis zum Auszug in die Hauslosigkeit*

2.2.1 "Äußere Erfahrungen"

Kehren wir zurück zu Siddhattha Gotama, dem späteren Buddha. Gotama wurde, wie bereits erwähnt, 563 v. Chr. als Sohn des Adligen Suddhodana und der Maya in Lumbini geboren. Seine Mutter Maya starb sieben Tage nach seiner Geburt aufgrund der Strapazen

---

8 Vgl. Schmidt 1947, 16f und Beckh 1916b, 14-16.

9 Vgl. Oldenberg 1923, 213.217.

10 Vgl. ders., 225.

11 Vgl. ders., 232f.
Wer eine ausführliche Darstellung der Samkhya-Philosophie und des Yoga lesen möchte, der lese: Oldenberg 1923, 174-243.

der Geburt, ein Schicksal, das Frauen im Indien im 6. Jh. v. Chr. häufiger ereilte. Erzogen von seiner Stiefmutter Pajapati, der zweiten Frau Suddhodanas und der Schwester Mayas, erlebte Siddhattha, so wird berichtet, eine behütete und von weltlichen Sorgen freie Kindheit und Jugend:[12] "Ich lebte verwöhnt, äußerst verwöhnt, sehr verwöhnt. Beim Haus meines Vaters ließ man mir Lotosteiche anlegen: An einem Ort blühten blaue, an einem Ort weiße, an einem rote Lotosblumen; und dies allein für mich ... Bei Tag und Nacht hielt man einen weißen Schirm über mich, damit mich nicht Kälte, Hitze, Staub, Grashalme oder Tau belästigten."[13]

Aber nicht nur Verwöhnung war seine Lebensrealität, sondern er lernte die Gewandtheit und Präzision des Ausdruckes, also die Redekunst, durch seine Teilnahme an den Ratsversammlungen, deren Vorsitzender sein Vater war; er lernte Soldatisches (Reiten, Wagenlenken usw.), an dem er aber kein sonderliches Interesse entwickelte; arbeitete auf den hauseigenen Feldern; lernte das Gerichtswesen kennen (sein Vater war oberster Richter seiner Republik) und beobachtete das bunte Treiben der Händler und "Bankiers" sowie diverser Handwerker in der Stadt. Mit sechzehn Jahren wurde er mit der gleichaltrigen Bhaddaccana verheiratet, aus deren Ehe erst dreizehn Jahre später ihr Sohn Rahula entsproß. Daß Gotama Menschen aus den religiösen Befreiungsbewegungen (vgl. Abschnitt 2.1), insbesondere den Wandermendikanten begegnet ist, dürfte als wahrscheinlich gelten, zumal er ja später selbst Wandermendikant wird.[14]

Welche Einzelheiten von dem eben Geschilderten als historisch zu gelten haben, ist nicht zu entscheiden, weil die "Fakten" aus der Buddha-Legende entnommen sind. Der Rahmen der Erzählung dürfte jedoch historisch sein. Beckh meint: "Im einzelnen ... ist die Trennung des Historischen vom Mythisch-Mystisch-Legendarischen vielfach

[12] Vgl. Schumann 1995, 18-22 und Zotz 1996, 18-22.

[13] A 3,39, zit. nach Zotz 1996, 22.

[14] Vgl. Schumann 1995, 34-38.43.59 sowie Zotz 1996, 18-23.

schwierig oder unmöglich."[15] Jedoch: "Manche Legenden sind Bildhaftmachungen innerer Erlebnisse und illustrieren Gotamas geistigen Entwicklungsgang. Sie sind subjektiv wahr, aber nicht historisch."[16] Kommen wir aber jetzt zu den "inneren Erfahrungen" Gotamas, die ja wesentlich sein weiteres Leben bestimmen werden.

2.2.2 "Innere Erfahrungen"

2.2.2.1 Das Leid

Was das Innenleben Gotamas angeht, so werden ihm Empfindsamkeit, ein Hang zur Reflexion, vielleicht Grübelei, Zartheit, körperliche Schwächlichkeit zugeschrieben. Er war ein Typ, der eher zur Kontemplation neigte, als zum aktiven Leben und Kraftdemonstrationen.[17] Die Einsicht der Vergänglichkeit als Grundtatbestand des Lebens muß ihn in seiner Jugend bereits ereilt haben. Trotz eines Lebens in irdischem Glück und Überfluß am elterlichen Hofe wird Gotama auch, bei welchen Begebenheiten auch immer, Altersschwäche, schwere Krankheit und schließlich den Tod von Menschen gesehen haben. Als empfindsamer Mensch, der er wohl war, können ihn solche Anblicke nicht unbeeindruckt gelassen haben. Zu allen Sinnesfreuden, die er erlebt und deren Nichtigkeit er sich wohl fortschreitend bewußter wird, kommt für ihn der fade Beigeschmack hinzu, daß es eben auch Leid gibt, und dessen nicht zu wenig. Dieses Wahrnehmen des Leides in der Welt führt wohl bei Gotama dazu, daß er "im Inneren" nicht zur Ruhe kommt, ja vielleicht Skrupel, noch schlimmer vielleicht: eine tiefe Depression entwickelt:[18] "Als ich nun mit solcher

---

15 Beckh 1916a, 81.

16 Schumann 1981, 15.

17 Vgl. Schumann 1995, 36; Lehmann 1983, 25 sowie Schumann 1981, 17.

18 Vgl. Zotz 1996, 23-25; Beckh 1916a, 88; Klimkeit 1990, 68; Lehmann 1983, 39; Schumann 1995, 36f; Härtel 1957, 1470.

Herrlichkeit ausgestattet und so übermäßig zart war, kam mir der Gedanke: ... Auch ich bin dem Altern unterworfen und von der Alters Macht nicht frei ... Auch ich bin der Krankheit unterworfen und von der Krankheit Macht nicht frei ... Auch ich bin dem Tode unterworfen und von des Todes Macht nicht frei ... Indem ich so bei mir dachte, schwand mir aller Lebensmut, der dem Leben innewohnt."[19] In der Buddhalegende kommt diese Erfahrung Gotamas in der Schilderung der vier Ausfahrten zum Ausdruck, in denen er nacheinander in einer Klimax einem Greis, einem Kranken, einem Toten und schließlich einem Asketen begegnet.[20] Als Fazit kann festgestellt werden, daß Gotama, der Bodhisattva (P. Bodhisatta)[21] in seiner wachsenden Lebenserfahrung immer mehr die reifende Überzeugung gewinnt, daß das Leben, im engeren Sinne: das Immer-wieder-Geborenwerden, sich nicht zu lohnen scheint und daher ein Weg zu dessen Überwindung gefunden werden muß.[22]

2.2.2.2 Innere Freiheit

Hätte Gotama nur das Leid der Menschen und seine eigene innerliche Unruhe bemerkt, wäre er von diesen Wahrnehmungen vermutlich zur Verzweiflung getrieben worden. Neben diesen Erfahrungen der Vergänglichkeit, d.h. des flüchtigen Charakters der Dinge und des Menschen, erlebte er aber wohl auch Augenblicke tief empfundener Freiheit. Dieses Freiheitsempfinden Gotamas wird in der buddhistischen Literatur mit dem sogenannten "Jugenderlebnis Gotamas"

---

19 A I, S. 145ff, zit. nach Schlingloff 1962, 89f.

20 Wer sich für die Buddhalegende im ganzen interessiert, der lese: Beckh 1916a, 25-80.

21 Vgl. Schneider 1992, 47, Anm.16: Bodhisattva ist derjenige Mensch, der sich im Kreislauf der Wiedergeburten so weit nach vorn gearbeitet hat, daß er mit Sicherheit die Buddhaschaft erreichen wird.

22 Vgl. Schneider 1992, 53.

identifiziert. Gotama saß einmal unter einem Rosenapfel- oder Jambubaum, während sein Vater, der Sakyer (der Adlige aus dem Sakya-Geschlecht), mit eigener Hand den Acker pflügte, und geriet dabei unerwartet in einen psychischen Zustand der Enthobenheit von unheilsamen Regungen, in einen Zustand des Freudig-heiter-Seins mit ungezwungenem Nachdenken. In diesem Augenblick, während er seinem Vater bei der Arbeit zusah, empfand Gotama Ruhe und Geborgenheit, hatte die leidvollen Eindrücke hinter sich gelassen und wußte sich mit der Welt eins:[23] "... Ich erinnere mich, daß ich einmal, während mein Vater arbeitete, im kühlen Schatten eines Jambubaumes saß und, abgesondert von den Begierden und abgesondert von den unheilsamen Gegebenheiten die mit Überlegen und Erwägen verbundene, aus der Abkehr entstandene, freud- und lustvolle erste Versenkungsstufe erlangte ..."[24] Ob dieses Jugenderlebnis Gotamas ein historisches Ereignis war oder nicht, muß auch hier offen bleiben. Entscheidend ist auch nicht das äußere Geschehen, sondern das innere Erlebnis und die Beschreibung dieses "psychischen Empfindens". Dieses innere Erlebnis weist nämlich auf das Gebiet des Übersinnlichen, der Meditation, des Yoga, die von so entscheidender Bedeutung für Gotama, den späteren Buddha, und den Buddhismus überhaupt werden sollten, indem es nicht nur Gotamas Hang zur Meditation schon in frühen Jahren, sondern auch, trotz offenbar äußerlicher physischer Schwäche, die Kraft seines starken geistigen Willens aufzeigt.[25] Denn der beschriebene psychische Zustand Gotamas hat ja nichts mit Müdigkeit oder Schlaffheit zu tun, ist also erst aus einer vorausgegangenen geistigen Anstrengung her denkbar. Klimkeit weist noch darauf hin, daß in der Pali-Tradition Gotamas Jugenderlebnis häufig als Kindheitserlebnis geschildert werde, und zwar deswegen,

---

23 Vgl. Zotz 1996, 25; Schumann 1995, 70; Lehmann 1983, 51.

24 M I, S. 246, zit. nach Schlingloff 1962, 93.

25 Vgl. Beckh 1916a, 85-87.

weil es ihr unerträglich erschien, daß ein junger Mann meditiert, während sein Vater harter Arbeit nachgeht.[26]

2.3 *Aufbruch, "Heilssuche" und befreiende Erkenntnis Gotamas*

2.3.1 Der Auszug in die Hauslosigkeit

Mit neunundzwanzig Jahren,[27] als sein Sohn Rahula gerade geboren war, ließ Gotama trotz des Rates und Widerstandes seiner Familienangehörigen Familie und Besitz hinter sich und wurde Samane oder Wandermendikant. Die Gründe für diesen radikalen Entschluß des Aussteigens aus dem "normalen" Leben dürften wesentlich mit seinen "inneren Erfahrungen" (vgl. Abschnitt 2.2.2) und seiner Sympathie für das Wandermendikantentum zusammenhängen. Zotz führt jedoch noch ein politisches Argument für Gotamas Auszug heran. Er (Zotz) meint, daß der Luxus der Adligen im damaligen Indien auf unsicherer Basis wegen des Expansionsstrebens der Monarchien stand und daß sich deshalb eine Existenzangst des Nicht-mehr-Gewinnen-, aber Alles-Verlieren-Könnens entwickelt habe, so daß Gotama wie auch vielen anderen Krieger-Adligen das Hintersichlassen von Besitz und Bindung als Alternative gegenüber Reichtum und Macht erschien.[28] Möglicherweise hatte Gotama schon länger den Entschluß gefaßt, Familie und Besitz zu verlassen, konnte diesen Entschluß aber deshalb nicht früher verwirklichen, weil ihm von seinen Eltern die Bedingung auferlegt worden war, für einen männlichen Nachkommen zu sorgen. Auf jeden Fall handelt es sich bei seinem Gang in die Hauslosigkeit für indische Verhältnisse um einen nicht

---

[26] Vgl. Klimkeit 1990, 73.

[27] Klimkeit meint, daß aus dem Pali-Kanon keine spezifische Angabe über Gotamas Alter bei seinem Verlassen des Elternhauses, seiner Frau und seines Sohnes zu entnehmen sei: Vgl. Klimkeit 1990, 78f.

[28] Vgl. Zotz 1996, 27f.

ungewöhnlichen Schritt, der in der damaligen Zeit von vielen getan wurde.[29] Lehmann beschreibt Gotamas psychische Verfassung bei seinem Auszug in die Hauslosigkeit so: "Ein junger Mann also, der Angst vor dem Tode hatte, keinen Lebensmut aufbrachte, ein Zweifler, ein Pessimist vielleicht - vielleicht aber auch nur einer, der dem Zug seiner Zeit folgte und eine Gesellschaft verließ, die ihm keine Lösung für seine Fragen und Probleme bot."[30]

2.3.2 Gotama bei Yogins und als Asket

Im ersten Jahr seiner "Heilssuche" wurde Gotama nacheinander Schüler der Yogins Alara Kalama (Skt. Arada Kalama) und Uddaka Ramaputta (Skt. Udraka Ramaputra). Es heißt, daß er bei ihnen sehr schnell, binnen eines Jahres, diverse Meditationstechniken erlernte, ohne jedoch mit dem Erreichten zufrieden gewesen zu sein. Er verließ sie und widmete sich von da an in Uruvela (Skt. Urubilva) am Flusse Nairanjana (Skt. Neranjara) als zurückgezogener Waldeinsiedler sechs Jahre lang harter, extremer, rigoroser Askese, die Atemübungen bis zum Kollaps und Hungeraskese bis zur Ausmergelung beinhaltete, ohne jedoch dem Ziel der Befreiung vom Leiden näher gekommen zu sein.[31] Inwieweit die konkreten Schilderungen der asketischen Übungen Gotamas[32] historisch sind, sei dahingestellt, jedoch entspricht der Vollzug derart extremer Askeseübungen voll und ganz dem, was im damaligen Indien in den Kreisen der nach Befreiung geistig Strebenden an der Tagesordnung war.[33] Daß Gotama strengste Askese ausgeübt hat, dürfte auf jeden Fall als sehr wahrscheinlich gelten.

---

29 Vgl. Schumann 1981, 17 und Beckh 1916a, 89.

30 Lehmann 1983, 39.

31 Vgl. Schneider 1992, 48 und Schumann 1981, 20; Klimkeit 1990, 80-82 sowie Lehmann 1983, 44-47.

32 Eine ausführliche Beschreibung der asketischen Torturen Gotamas schildert: Schumann 1995, 66-69.

33 Vgl. Schlingloff 1962, 92f und Beckh 1916a, 89f.

2.3.3 Die Bodhi

Nach der Erfahrung der Sinnlosigkeit extremer Askese wandte sich Gotama von dieser ab. Dieser Zeitpunkt ist bemerkenswert, weil er der zweite große Wendepunkt nach seinem Entschluß, Sramane zu werden, in seinem Leben ist.[34] Es folgt die Erinnerung an sein Jugenderlebnis (vgl. Abschnitt 2.2.2.2) und die Konzentration aller Anstrengung auf jenes Erlebnis. Gotama nahm wieder Nahrung zu sich, setzte sich unter einen Pippalbaum (Bodhibaum), durchlief die vier Versenkungsstufen (vgl. Abschnitt 4.2.5.2.3) und erlangte die erlösende Einsicht in drei Nachtwachen, die zur Beendigung des Leidens führt. In der ersten Nachtwache erkannte er seine früheren Wiedergeburten (erstes Wissen), in der zweiten Nachtwache ging ihm das Naturgesetz der ethischen Kausalität oder das Gesetz des Karmas, das guten (= heilsamen) Tat(absichten) gute, schlechten (= unheilsamen) Tat(absichten) schlechte wiedergeburtliche Daseinsform folgen läßt (zweites Wissen), auf, und schließlich in der dritten Nachtwache erlangte er die Erkenntnis der vier Wahrheiten (drittes Wissen), der wirklichkeitsgetreuen Einsicht, was das Leiden, seine Ursache, seine Aufhebung und schließlich der Weg zu seiner Aufhebung ist. In dieser Nacht wurde aus Gotama der Buddha, der Erwachte, der Erleuchtete, der zur Erkenntnis, zum Wissen Gelangte, derjenige, der, nach späterer buddhistischer Redewendung, das unsterbliche Heil erreicht hatte.[35] So weit die Legende. Kommen wir nun zur historischen Bewertung. Beckh meint, daß, wenn es sich bei der Erzählung von der Bodhi-Geschichte zwar nicht um einen historisch beglaubigten Vorgang handeln könne, doch innere Gründe dafür sprächen, daß Tat-

---

[34] Vgl. Zotz 1996, 38.

[35] Vgl. Schneider 1992, 48f; Schumann 1995, 70-72; Gäng 1996, 34f; Klimkeit 1990, 88-91; Schwarzenau 1993a, 198; Glasenapp 1980, 424; Beckh 1916a, 91.

Eine eher pädagogisch-psychologische Interpretation der Bodhi-Geschichte führt an: Lehmann 1983, 50-63.

sächliches der Erzählung zugrunde liege. Die Bodhi-Geschichte sei keine bloße Erfindung, weil es nicht unwahrscheinlich sei, daß die Meditation einer Nacht jenen Durchbruch des geistigen Schauens bei Gotama bewirkt habe. Daß Gotama dabei unter einem Feigenbaum gesessen habe, sei wegen der indischen Sitte der Waldasketen, die häufig unter Bäumen zu meditieren pflegten, ebenso denkbar.[36] Schneider hält die Bodhi-Geschichte für auffallend stark systematisiert und konstruiert. Nicht Geschichte werde geboten, sondern ein idealtypischer Ablauf. Weiterhin bezweifelt Schneider, daß Gotama mit der befreienden Erkenntnis in jener Nacht auch schon die Befreiung erlangt habe. Vielmehr habe Gotama den Weg zur Befreiung gefunden, ihn aber dann selbst auch erst noch gehen müssen. Die urbuddhistischen Verfasser der Bodhi-Geschichte hätten die Erlangung der Bodhi - Schneider nennt sie spöttisch "Superwachsein" - mit der Erlangung der Befreiung gleichgesetzt und damit einen Idealtypus geschaffen, weil es ihnen unerträglich erschien, daß Gotama, jetzt der Buddha, als jetzt die Lehre Verkündigender nicht auch der Befreite gewesen sein sollte. Daß Gotama erst später der Ehrentitel "Buddha" als erfolgreicher Wanderphilosoph gegeben wurde, sei durchaus im Blick des Möglichen.[37] Zotz ist gleicher Ansicht wie Schneider: "Gautamas Entdeckung des mittleren Weges wird Erwachen, er selbst seither der Erwachte genannt, Worte, die andeuten, daß er sich aus dem Traumdasein des in Freude und Elend der Nichtdauer taumelnden Menschen erhob. Die Überlieferung projizierte in dieses Erwachen nachträglich die wesentlichen Teile der Lehre Gautamas. Was sich ihm wahrscheinlich im Lauf einer längeren Entwicklung erschloß, sah man als direkte Inhalte des entscheidenden Erlebnisses."[38]

Schumann versucht das Initiationsereignis der Bodhi Gotamas analytisch zu erklären. Sie bestünde zwar großenteils in analytischem

---

36 Vgl. Beckh 1916a, 90f.

37 Vgl. Schneider 1992, 52.54-56.

38 Zotz 1996, 39.

Verständnis vorgefundenen Gedankenmaterials, ginge aber darüber hinaus, weil dem Aha-Erlebnis der analytischen Durchdringung das Oh-Erlebnis beglückender schöpferischer Intuition beigesellt war. Die beglückende schöpferische Intuition bestünde dabei aus übernommenen und eigenen Erkenntnissen Gotamas, die er in seinem Geist wie Kristalle zu einer neuen Wahrheit und Lehre zusammengefügt habe. Psychologisch sei sie eine glückhafte Befreiungserfahrung gewesen. Aus dem Sucher Gotama sei seit dieser Befreiungserfahrung und der ihr zugrunde liegenden Gewißheit, die Leidensursache erkannt und damit vernichtet zu haben, ein Wegweiser, aus dem früheren seiner selbst Unsicheren eine reife, in sich ruhende Persönlichkeit geworden.[39]

2.4 *Die Lehrtätigkeit Buddhas*

2.4.1 Der Ehrentitel "Buddha"

Bevor wir zur Lehrtätigkeit des Buddha fortschreiten, sei noch einmal auf den Ehrentitel des Buddha und seine Bedeutung verwiesen, dessen Verständis notwendig ist, um überhaupt die Lehrtätigkeit und die Lehre des Buddha adäquat zu erfassen. Schumann bietet eine kurze und treffende Definition eines Buddha: "Ein Buddha ist eine Wesenskategorie für sich, die mit den Menschen zwar die äußere Erscheinung teilt und gleich ihnen physischer Anfälligkeit unterliegt (aufgrund eines Kamma-Restes), aber nicht mehr an den Kreislauf der Wiedergeburt gebunden ist. Bis zum nachtodlichen Verlöschen lebt er als Erlöster noch in der Welt, aber innerlich von ihr detachiert. Alle Bande, auch solche familiärer und sozialer Art, sind für ihn zerschnitten."[40]

---

[39] Vgl. Schumann 1995, 73f und ders. 1981, 21.

[40] Schumann 1995, 82.

2.4.2 Die erste Lehrrede von Benares

Nach Erlangen der Bodhi und darauffolgendem siebentägigen Genießen derselben, anfänglichem Zögern, die Lehre verkünden zu wollen, entschloß sich der Buddha schließlich aus Mitleid mit den wenigen Menschen, die die schwer zu durchschauende Lehre verstehen werden, dieselbe kundzutun. Nachdem er von den Göttern erfahren hatte, daß seine einstigen Lehrer Alara Kalama und Uddaka Ramaputta (vgl. Abschnitt 2.3.2), denen er zuerst seine neuen Einsichten verkündigen wollte, verstorben seien, machte er sich auf nach dem Tierpark bei Benares, um die Lehre den fünf Asketen, mit denen er während seiner Asketenzeit Kontakt pflegte, kundzutun.[41] Nachdem er auf dem Weg nach Benares dem asketischen Samane Upaka (Skt. Upaga) begegnet war, dem seine innere Erhobenheit und heitere Ruhe auffiel, gelangte er zu seinen ehemaligen fünf Gefährten im Gazellenhain von Isipatana (Skt. Rishivadana = Sarnath), die wie Upaka seine hoheitsvolle Erscheinung bemerkten, und denen er dann den sogenannten mittleren Weg darlegte, der die Extreme der Hingegebenheit an Lustvergnügung sowie an Selbstquälerei vermeidet:[42] "Es ist dieser edle achtteilige Pfad, der da heißt: rechtes Glauben, rechtes Entschließen, rechtes Wort, rechte Tat, rechtes Leben, rechtes Streben, rechtes Gedenken, rechtes Sichversenken. Dies ... ist der vom Vollendeten entdeckte Weg, der in der Mitte liegt, der Blick schafft und Erkenntnis schafft, der zum Frieden, zum Erkennen, zur Erleuchtung, zum Nirvana führt."[43] Der Buddha bezeichnete diesen mittleren Weg als vierte der edlen Wahrheiten. Die erste Wahrheit benannte das Leiden, die zweite deren Ursache und die dritte die Aufhebung der Ursa-

---

41 Vgl. ders., 69.

42 Vgl. Schneider 1992, 49; Schumann 1995, 81f; Zotz 1996, 49-51; Klimkeit 1990, 91f; Schlingloff 1962, 99f.

43 Reden des Buddha 1993, 95.

che.[44] Es folgte noch ein Annex über das Nicht-Selbst (vgl. Abschnitt 4.2.2.3.2), damit war die erste Lehrrede Buddhas beendet.[45] Die Interpretation der ersten Lehrrede Buddhas bietet keine Schwierigkeit, weil aufgrund der bisherigen Lebensgeschichte Buddhas der mittlere Weg klar erkennbar ist: Der Buddha selbst hatte in seiner Jugend die Lust der Begierden genossen und sich dann später der Selbstpeinigung hingegeben. Erst als er erkannte, daß ihn beide Extreme nicht zur Befreiung führten - er hatte ja beide "hautnah" erlebt -, war es ihm möglich, in der Aufgabe derselben die Buddhaschaft zu erlangen.[46] Inwieweit die Worte der ersten Lehrrede schon vom historischen Buddha in der geschilderten Weise stammen oder nicht, muß wiederum offen bleiben. Doch hebe sich ein Kern heraus, so Beckh, der deutlich den Stempel einer bestimmten, einheitlichen, überragenden Persönlichkeit trage. Es sei nicht nur im allgemeinen die Größe und Vornehmheit der Gedanken, was wie ein Hauch jener überragenden Persönlichkeit die Texte durchwehe, sondern ein gewisses Etwas in diesen Gedanken, das sich gerade in den Einzelheiten des Wortlautes auspräge, vor allem jener ganz eigenartige Fluß der Rhythmen, auf dem insbesondere die Wirkung der alten Palitexte in vieler Hinsicht beruhe.[47]

2.4.3 Das Lehr- und Wanderleben Buddhas

Die fortlaufende Biographie Buddhas endet mit der Lehrrede von Benares. Es folgt ein fünfundvierzigjähriges Wanderleben Buddhas durch Nordindien, in dem sich eine ständig wachsende Anzahl von Anhängern um ihn scharte und er seine Lehre unter immer neuen

---

44 Im Abschnitt 4.2 werden die vier Wahrheiten ausführlich dargelegt und erörtert.

45 Vgl. Schneider 1992, 49 sowie Klimkeit 1990, 95f.

46 Vgl. Schlingloff 1962, 100f.

47 Vgl. Beckh 1916a, 92f.

Gesichtspunkten und mit immer neuen vielfältigen Gleichnissen darlegte. Er gründete einen Mönchsorden, später auch einen Nonnenorden, außerdem gewann er viele LaienanhängerInnen dazu und verkehrte mit Reichen und Mächtigen, aber auch schlichten Bürgern und Asketen verschiedener Richtungen.[48] Der außerordentliche Missionserfolg Buddhas erklärt sich durch die günstige gesellschaftliche Konstellation im damaligen Indien, durch seinen "mittleren Weg", der eine vernünftige Alternative zu den extremistischen religiösen Ideen der damaligen Zeit bot und der die Laien nicht vernachlässigte, sowie durch seine Persönlichkeit selbst, die die Massen beeindruckte. Maßgeblich für die spätere große historische Wirkung seiner Lehre war die Gründung der Mönchsgemeinschaften in festen Formen, die dieselbe tradierte und weiterentwickelte.[49]

2.5 Der Tod Buddhas

Der Buddha starb wahrscheinlich im Jahr 483 v. Chr. zwischen zwei Skala-(P. Sala-)Bäumen bei Kusingara, nachdem er durch eine Speisevergiftung bei einem Essen in dem Haus des Schmiedes Cunda schwer krank geworden war. Er starb mit einem Vermächtnis, das als historisch sicher gilt, an seine JüngerInnen. Dieses Vermächtnis besteht darin, daß seine AnhängerInnen nach seinem Tod nicht seine Person als Zuflucht nehmen, sondern seine Lehre und sie selbst sich Zuflucht, Eiland und Leuchte sein sollen. Es folgt eine letzte Mahnung des Buddha an seine AnhängerInnen, nach Vollkommenheit zu streben, d.h. unermüdlich für ihre Befreiung zu kämpfen, weil alles Entstandene, Gewordene und Erschaffene unabwendbar dem Verge-

---

[48] Vgl. Schneider 1992, 23f; Klimkeit 1990, 93.97; Schlingloff 1962, 103; Gäng 1996, 38; Härtel 1957, 1472.

[49] Vgl. Schumann 1981, 25 und Jaspers 1995, 130.
Eine ausführliche Beschreibung von Buddhas Lehrtätigkeit und den Aufbau des Mönchsordens stellen u.a. dar: Schumann 1995, 89-151.177-221. 245-275; Klimkeit 1990, 97-129 sowie Zotz 1996, 92-105.

hen und Zunichtewerden anheimfalle. Daraufhin fiel der Buddha in ein Koma, das die urbuddhistischen Schriftsteller zum Anlaß nehmen, nochmals die Meditationsstufen und Bewußtseinszustände aufzuzählen, die ihrer Meinung nach der Buddha vor seinem Sterben durchlief. Von diesem Koma aus ging der Buddha dann ins vollständige Nirvana (Parinirvana) ein, d.h. in den Zustand der Leidensbefreiung nach Ablegen des Körpers. Die Leiche des Buddha wurde schließlich nach indischer Sitte verbrannt, die Knochen (Reliquien) des Buddha wurden gesammelt und an die Gesandten der verschiedenen Städte verteilt, die ihre Reliquien jeweils in Hügelgräbern (thupa, Skt. stupa) beisetzten.[50]

---

[50] Vgl. Schneider 1992, 29.36.38.42; Schumann 1981, 46-49; Schlingloff 1962, 107-110; Klimkeit 1990, 136.142.148f.154-156; Zotz 1996, 113-115; Schumann 1995, 281-284.

Eine ausführliche historisch-kritische Interpretation der Überlieferung vom Lebensende des Buddha schildert: Schneider 1992, 23.28f.36-46.

Ausführliche Darstellungen der Chronologie der letzten Tage des Buddha finden sich u.a. bei: Klimkeit 1990, 130-157; Schumann 1995, 277-291 sowie Zotz 1996, 106-117.

3. Die Persönlichkeit des Buddha

3.1 Grundsätzliches

Aus den Pali-Texten läßt sich, wenn auch größte Zurückhaltung und Skepsis geboten sind, ein allgemeines Bild von der Persönlichkeit Buddhas gewinnen.[1] Beckh meint: "Wer sich aber intim in die Texte vertieft und sie unbefangen auf sich wirken läßt, wird vieles, sehr vieles herausfinden müssen, von dem er sich sagen wird: das ist keine Erfindung, kein Phantasiebild, sondern trägt deutlich den Stempel der Wirklichkeit, der wirklichen Erinnerung an die Persönlichkeit des Meisters, an die Art, wie er lehrte und lebte."[2]

Der Tag des Buddha verlief trotz des Wanderlebens stets gleichbleibend und in geregeltem Rhythmus. Er läßt sich folgendermaßen skizzieren: Aufstehen bei Morgendämmerung - Toilette - Speisesammeln - Mahlzeit bis spätestens vor Sonnenhöchststand - nachmittags: Wanderung - am Spätnachmittag und Abend: Unterweisung der Mönche und Lehrgespräche mit Besuchern - anschließend ausgedehnte Meditation - Schlaf erst in den tiefen Nachtstunden.[3]

3.2 Der Eindruck Buddhas

Der Eindruck, den Buddha auf seine Mitmenschen gemacht hat, wird als tief, nachhaltig, unmittelbar beeindruckend, vielseitig, schlagfertig und einfühlend beschrieben.[4] Er soll kultivierte Umgangsformen und einen urbanen Schliff gehabt haben, was sich wohl besonders in seiner eleganten Ausdrucksweise zeigte, die lebensnahe

---

1 Vgl. Schlingloff 1962, 115 und Beckh 1916a, 99.

2 Beckh 1916a, 99.

3 Vgl. Schumann 1981, 32f und Leider 1968, 277f.
Leider meint im Unterschied zu Schumann, daß Buddha vor dem Empfangen der Besucher auch schon meditiert habe.

4 Vgl. Beckh 1916a, 94; Leider 1968, 279; Zotz 1996, 52.54.

Bildlichkeit aufwies und sich treffender Lehrvorträge, Erzählungen, Gleichnisse und Sprüche bediente. Er sprach in Magadhi, der Volkssprache und nicht in Sanskrit, gebrauchte jedoch die Begrifflichkeit der indischen Philosophie. Seine Sprache soll an Inhalten und Stilmitteln wohlklingend, fließend und deutlich gewesen sein, so daß, wenn er zu vielen Menschen redete, jeder einzelne sich persönlich angesprochen gefühlt haben soll. Auch soll er das poetische Element besessen haben, also poetische Sprüche konzipiert haben, in denen er Sachverhalte seiner Lehre in einem Brennpunkt zusammengefaßt hat. Ein gewisser Humor im Sinne einer witzigen Schlagfertigkeit und eines Esprits soll ihm ebenfalls eigen gewesen sein, wenngleich er das Lachen nicht als erlösungsdienlich ansah. Er beherrschte die Macht des Schweigens und zählte das Schweigen zu den allervortrefflichsten Eigenschaften, die ein Mensch besitzen oder sich anerziehen könne. Insgesamt wird der Buddha als über alle Alltagsinteressen, über alle Sinnlichkeit erhaben, nur im Geistigen lebend, geschildert.[5]

3.3 Buddha als Erzieher

Buddha kann als vortrefflicher Erzieher bezeichnet werden, und zwar wesentlich deshalb, weil er sich in ganzheitlicher Weise selbst erzogen hat (vgl. seinen Lebenslauf bis zur Bodhi) und somit seiner selbst gewiß war. Er erscheint ja in den Pali-Texten stets von ruhiger Klarheit erfüllt, überlegen und sachlich. In seiner Persönlichkeit sollen sich Weichheit und Härte harmonisch miteinander verbunden haben. Die Weichheit zeigte sich bei ihm vor allem in seiner Güte, die sich auf alle Bereiche der lebendigen Welt, auch auf die Pflanzenwelt, richtete, also umfassend war, wenngleich diese Güte niemals den Schutzmantel kühler Unnahbarkeit verlor, so daß nur Menschen mit starker Persönlichkeit, also Menschen, die seine Lehre bereits

---

5 Vgl. Schumann 1981, 27-29; Jaspers 1995, 130; Zotz 1996, 57; Leider 1968, 284; Beckh 1916a, 101.107.113f; Oldenberg 1959, 205.

weitgehend verstanden hatten, oder Menschen mit naiver Gefühlsspontaneität in ein herzliches Verhältnis mit ihm treten konnten. Seine Härte verhinderte, daß sein weiches Gemüt zu einem weichlichen wurde. So ließ er wohl Mitleidsanfälle nicht zu. Aufgrund seiner Selbsterziehung soll er auch stets psychisches Gleichgewicht und Gefühlsstabilität bewahrt haben. Wenn seine Lehre durch Mißverständnisse und Fehlinterpretationen in Gefahr geriet, verließ er seine Gleichmutsbastion, um mit ungeheurer Willensenergie zum Gegenangriff vorzugehen.[6]

So wurde der Buddha auch als unvergleichlicher Menschenerzieher, als Lehrer von Göttern und Menschen, als Erhabener angesehen. Seine stufenartige Unterweisung wurde vor allem gelobt, die darin bestand, die Verschiedenheit der Neigungen bei den unterschiedlichen Individuen zu erkennen und nur von solchen Dingen zu reden, die die betreffenden Menschen auch real erfassen konnten, die für ihre geistige Erziehung und Entwicklung Bedeutung hatten. Die Unterredung nahm meistens von einem Problem eines fragenden Menschen seinen Anfang. So antwortete der Buddha z.B. einem Brahmanen, der meinte, daß es kein Mittel gegen Todesangst gebe, daß das Streben nach Gierlosigkeit, Freiheit von Wankelmut und Zweifelsucht sowie das Vermeiden von Übeltaten ein Ausweg aus der Todesangst sei. Seine AnhängerInnen empfanden ihn nicht als einen philosophischen Theoretiker, sondern als einen auf die Verwirklichung praktischer Heilsziele sich konzentrierenden Lehrer. Vielfach wird im Pali-Kanon berichtet, daß der Buddha, wenn ein Gespräch ins Spekulative abglitt, das Thema auf den praktischen Befreiungsweg zurückleitete, denn die Wahrheit, die er gefunden hatte, war eine transzendente, an die das gewöhnliche Denken, die gewöhnliche Logik, Philosophie und Spekulation nicht heranreichte. So tröstete er Menschen auch in adäquater Weise mit dieser Wahrheit, ohne "schön

---

6 Vgl. Mensching 1978, 96; Leider 1968, 282.288.290; Schumann 1995, 232-234.244; Schlingloff 1962, 118.

zu reden". Der Buddha war also ein Heilspragmatiker. Anderen Lehren gegenüber trat er entschlossen auf, indem er ihre Mängel aufzeigte, wobei er nach seinem Grundsatz verfuhr, die Zuhörer nicht abzuwerben oder zu überreden, sondern sie durch Argumente zu überzeugen.[7] Halten wir als Fazit fest: Der Buddha erschien den Zuhörern als ein Mensch, der zwar noch in der Welt, aber nicht mehr von der Welt war, der sich durch seine transzendierende Einsicht gegen die Wandelwelt immunisiert hatte. Nicht der Buddha stritt mit der Welt, sondern die Welt stritt mit ihm. Wenn er auch Ehrerbietung zuließ, wehrte er doch gefühlsintensive Huldigung ab. Wichtig war ihm allein seine Lehre, hinter der er als Person zurücktreten wollte:[8] "Wer ... die Lehre sieht, der sieht mich, wer mich sieht, sieht die Lehre."[9] Die Lehre bezeichnete der Buddha als "tief, schwer einsehbar, schwer durchschaubar, sachgerecht, hochstehend, (bloßer) Logik unzugänglich, subtil, nur Gebildeten verständlich"[10].

---

[7] Vgl. Leider 1968, 281; Schneider 1992, 25; Beckh 1916a, 102.125.142; Zotz 1996, 57.59; Schumann 1995, 229.236.

[8] Vgl. Schumann 1995, 227f.244.

[9] S 22,87,13, zit. nach Schumann 1995, 244.

[10] M 26 I p.167, zit. nach Schumann 1981, 27.

Ausführliche Beschreibungen der Persönlichkeit Buddhas bieten an: Beckh 1916a, 100-142; Leider 1968, 177-191; Schumann 1995, 233-244 und Zotz 1996, 52-67. Die Tugenden eines Buddha beschreibt der Dalai Lama, in: Dalai Lama 1982, 138-150.

4. Die Lehre des Buddha

4.1 Die Wiedergeburt (Samsara)

4.1.1 Das indische Weltbild

Der Glaube an die tatengesteuerte Wiedergeburt und vom ständigen Werden und Vergehen der Weltzeitalter war für den Buddha ein Axiom, das er aus den Upanishaden übernahm (vgl. Abschnitt 2.1.1), wenngleich er keine Seelenwanderung lehrte, weil er, wie wir später noch sehen werden, die Existenz einer Seele leugnete. Auch die Karman-Lehre (vgl. folgenden Abschnitt) ist älter als der Buddha. Sie findet sich bereits in den älteren Upanishaden. Überhaupt ist seine Lehre wesentlich, zum größten Teil antithetisch, aus der Samkhya-Philosophie und aus dem Yoga konzipiert (vgl. Abschnitt 2.1.2.).[1] Die Lehre des Buddha geht überhaupt von sehr alten Fragen über den Menschen aus, nämlich den Fragen über sein Dasein, nach der Überwindung der Welt und einem Weiterleben nach dem Tode, wobei in erster Linie nach dem Träger des Lebens, was er sei, woher er komme bei der Geburt, und wohin er gehe beim Sterben, gefragt wird. Die Lehre der Wiedergeburt war in Indien zur Zeit Buddhas allgemein bekannt, ebenso, daß von der Außenwelt angenommen wurde, daß sie seit Ewigkeiten existiere und auch nie aufhören werde zu existieren, daß sie unabänderlich in einen immerwährenden Kreislauf gebunden sei, in dem nur der einzelne einen gewissen Spielraum habe. Wir finden im alten Indien also zum einen eine egozentrische Haltung, zum anderen ein zyklisches Denken. Die egozentrische Haltung ist altes indisches Erbteil, das aus der vedischen Religion abstammt (vgl. Abschnitt 2.1). Das zyklische Denken basiert auf der Vorstellung, daß

[1] Vgl. Meisig 1995, 84f; Schlingloff 1963, 29; Schmidt 1947, 66.

die Welt, auch die "Lebewelt", als seit Ewigkeiten und bis in alle Ewigkeiten vorausgesetzt wird, so daß auch das Entstehen und Vergehen des Kosmos, wie das der einzelnen Lebewesen, nicht als ein einmaliger, sondern als ein sich immer wiederholender Vorgang aufgefaßt wird. Somit kann Erlösung bzw. Befreiung nur darin bestehen, aus diesem endlosen Zirkel des Kosmos herauszukommen in eine Welt, wo es kein Leben und Sterben und somit kein Werden mehr gibt.[2]

4.1.2 Das Karman

Der Buddha war wohl schon früh vom tiefen Mißtrauen gegen die Behauptung erfüllt, daß man den durch Abstraktion gewonnenen Begriff des Atmans (= Seele, Ichbewußtsein, das Selbst) einzige Realität beimessen könne (vgl. Abschnitt 2.1.1). Für ihn war alles, was sich ausmachen lasse, Nicht-Atman, Nicht-Ich, Nicht-Selbst, nichtsubstantiell. Somit liegt das Schwergewicht seiner Lehre nicht auf Transzendenz, sondern in Kontrastellung zur Atman-Theorie auf der empirischen Welt, ohne zu leugnen, daß es etwas hinter oder außerhalb dieser empirischen Welt geben könne. Er war davon überzeugt, daß der Mensch über die "transzendente Wirklichkeit" nichts zu erkennen vermag, es aber auch nicht zu erkennen braucht. Buddhas Lehre ist also eine skeptische, ganz diesseitsbezogene Philosophie, die aber das Ziel der Befreiung sicher im Griff hat. Dies wird in seiner Vorstellung von der Karman-Lehre sogleich deutlich.

Buddha ging frappierend einfach vor: Er stellte die Frage nach dem Träger des Lebens gar nicht mehr und befaßte sich mit dem Problem des Geburtenkreislaufes, indem er diesen ganz aus dem der Er-

---

Wer sich für eine Erörterung der Lehre des Buddha im Zusammenhang mit der Samkhya-Philosophie und dem Yoga interessiert, der lese: Oldenberg 1923, 243-293.

2 Vgl. Percheron 1970, 35; Schneider 1992, 59f; Schlingloff 1962, 65; Lehmann 1983, 110.

fahrung bekannten Leben heraus erklärte:[3] "Es gibt zwar Wiedergeburt, aber in Ermangelung einer Seele keine Seelenwanderung."[4]

Das Gesetz, nach dem sich der Kreislauf der Existenzen, des Geborenwerdens und Sterbens und Wiedergeborenwerdens vollzieht, ist das Karman-Gesetz, das Naturgesetz des ethischen Konditionismus bzw. der ethischen Kausalität. Dieses bedingt, daß durch gute Taten Wiedergeburt in eine bessere Daseinsform und daß durch schlechte Taten Wiedergeburt in eine schlechte Daseinsform erfolgt. Ein Lebenswandel, der teils gut, teils schlecht ist, führt in eine teils gute, teils schlechte Existenz; der Lebenswandel eines an der Lehre des Buddha orientierten Menschen (Mönch) zum Nirvana, dem vollständigen Verlöschen. Letzteres kann nur erreicht werden, indem ein Mensch überhaupt kein Karman mehr sammelt, denn wenn die Wiedergeburt von der Qualität des gesammelten Karmans abhängt, dann folgt daraus umgekehrt, daß ein Mensch sich des "Karman-Sammelns", des guten wie des schlechten, enthalten muß, will er nicht mehr wiedergeboren werden, worin ja gerade die Befreiung bzw. Erlösung besteht, wie es die Ansicht der indischen Philosophie wie die des Buddha war.[5] Schneider meint: "Ich sehe hier den harten Kern der Lehre des Buddha und meine, nur wenn man ihn im Auge behält, besteht überhaupt die Möglichkeit, diese Lehre in ihrer vollen Tragweite und in ihrer Originalität zu erfassen. Das gilt vor allem auch für die Erlösungsvorstellung."[6]

Das Karman-Gesetz darf nicht als Moralgesetz aufgefaßt werden, denn die Wiedergeburt in guter oder schlechter Wiederverkörperung hat nichts mit Belohnung oder Bestrafung für gute bzw. schlechte Taten zu tun, vielmehr sorgt es, nach unabänderlichen Gesetzen für die natürlichen Folgen der jeweiligen Taten. Entscheidend

---

3 Vgl. Schneider 1992, 64.66.

4 Schumann 1995, 162.

5 Vgl. Schumann 1981, 71; ders. 1995, 159.72; Schneider 1992, 68-70.

6 Schneider 1992, 70.

für das Erzeugen der Wiedergeburt sind dabei vielmehr die Tatabsichten als die Taten. Die geistige Einstellung, die moralische Beschaffenheit, der Charakter des Täters, der Willensakt, das Motiv der Tat, die gute oder böse Wollung gestaltet die zukünftige Existenzform, nicht der Vollzug der Tat. Kurzum: Die Qualität der Absicht, mit der eine Tat zielgerichtet durchgeführt wird, ruft die entsprechende Qualität der Wiedergeburt hervor.[7]

Kommen wir zurück zu Buddha, und erinnern wir uns an sein Bodhi-Erlebnis (Abschnitt 2.3.3). Im zweiten Wissen ging ihm die Karman-Lehre auf, so wird berichtet. Wichtig ist, daß hier die Lehre von der Wiedergeburt als nicht verkündet, sondern von Buddha selbst erlebt geschildert wird. Es ist versucht worden, dieses Erlebnis Buddhas psychologisch zu deuten. Es kann dabei nur eine Vermutung geäußert werden, die nämlich, "... daß durch die vollkommene Ausschaltung aller Gefühlsmomente auf der vierten Versenkungsstufe die latenten Eindrücke aus dem Unterbewußtsein an die Oberfläche gedrängt und dem Dogma entsprechend als Geburten und Welteuräume gedeutet wurden. Sicher ist jedenfalls, daß es sich hierbei nicht um ein verstandesmäßiges Erfassen der Wiedergeburtenlehre handelt, auch nicht um Vorstellungen der Phantasie, sondern um meditative Schau"[8].

4.1.3 Die Existenzformen

Der Buddha unterschied fünf Existenzebenen (eigentlich "Gänge"), in denen ein Lebewesen wiedergeboren werden kann: Die Welt der Götter, die über der Erde in übereinanderliegenden Räumen wohnen und ein angenehmes und langes, jedoch nicht ewiges Leben

---

7 Vgl. Schumann 1995, 160; Schmidt 1947, 63; Schumann 1981, 75.

8 Schlingloff 1962, 67.
Natürlich gibt es keinen zwingenden Beweis für die Wahrheit der Wiedergeburt (vgl. Glasenapp o.J., 56), auch wenn der Dalai Lama die Zweifel an derselben widerlegen möchte (vgl. Dalai Lama 1982, 37-45).

führen und ebenso wie alle Wesen dem Samsara unterworfen sind; die Welt der Menschen; die Sphäre der Tiere; die Welt der Gespenster oder Hungergeister und schließlich die Höllen, in welchen diejenigen Lebewesen Qualen leiden müssen, die böses Karman angesammelt haben, das in anderen Welten nicht abgeltbar ist. Die Menschen, Tiere und Gespenster werden als auf der Erdoberfläche, die Höllenbewohner als in unterirdischen Bereichen lebende vorgestellt. Man kann die gesamte Sphäre auch in Unterwelt - Erde - Himmel unterteilen. Auch in der Menschen-, Tier-, Gespenster- und Höllenwelt ist der Aufenthalt nicht ewig. Nach abgegoltenem Karma erfolgt die nächste Geburt. Es kommt auch vor, daß, statt fünf, sechs Existenzformen unterschieden werden: Dann werden neben die Gespenster noch die Dämonen gesetzt. Die Vorstellung von den Gespenstern geht auf einen uralten arischen Glauben zurück, nach dem die Dahingeschiedenen als Gespenster weiter auf der Erde leben, indem sie in der Nähe ihrer früheren Behausungen umherirren oder Sümpfe, Urwälder und Wüsteneien bevölkern. So wurden die Gespenster als eine mögliche Form der Wiedergeburt in das Weltbild eingebaut. Hungergeister wurden sie deshalb genannt, weil man sie sich als auf Spenden in Form von Opfergaben Angewiesene und daher ständig nach Speise und Trank Jammernde vorstellte. Zu beachten ist, daß im alten Buddhismus Götter-, Gespenster- und Höllenwelt nicht räumlich gedacht, sondern als Bewußtseinszustände bildhaft-räumlich vorgestellt werden. Was die Qualität der verschiedenen Existenzformen betrifft, so ist festzustellen, daß die entscheidende Zäsur zwischen Gespenster- und Menschenwelt liegt. Höllen, Tier-, Gespensterwelt werden negativ wegen des überwiegenden Qualerlebens, Menschen- und Götterwelt positiv wegen des überwiegenden Glückerlebens bewertet.[9]

---

9 Vgl. Schneider 1992, 92f; Schumann 1995, 158; Schlingloff 1963, 21.27; Schmidt 1947, 68f.

In der buddhistischen Kunst werden die fünf bzw. sechs Existenzformen im Zusammenhang mit Buddhas Lehre in Form eines fünf- bzw. sechsspei-

4.2 Die vier Wahrheiten als Inbegriff der Lehre des Buddha

4.2.1 Herkunft und Terminologie

Wir sahen, daß dem Buddha im Bodhi-Erlebnis (vgl. Abschnitt 2.3.3) als drittes und entscheidendes Wissen die Erkenntnis der vier Wahrheiten aufgegangen war. Sie bilden den harten Kern der Lehre des Buddha. In ihnen sind sowohl jegliche theoretische wie auch auf die Praxis verweisende Erörterungen enthalten, wie wir noch sehen werden.

Die äußere Form der vier Wahrheiten stammt aus der indischen Medizin oder Heilkunst, die im 6. Jh. v. Chr. bereits weit ausgebildet war. Ihr verdankte der Buddha wohl die Methode und die Terminologie, die er dann in philosophische Begriffe kleidete in Form einer Diagnose vom Übel in der Welt. Auch die Vorstellung von den fünf Bestandteilen (skandhas), aus denen der Mensch sich zusammensetzt, verdankte der Buddha der alten indischen Heilkunst. Die Ätiologie der indischen Ärzte, also das Vier-Schema "Diagnostik - Pathologie - Therapeutik - Pharmazie", übernahm der Buddha, indem er es auf das Leiden (dukkha, Skt. duhkha) übertrug: Anhand der Symptome (Geburt, Alter, Krankheit, Tod) wies er darauf hin, daß der Mensch leidet, denn diese "Gegebenheiten" sind unerwünscht (auch die Geburt, wie später noch zu zeigen sein wird). Es folgt die Suche nach der Ursache des Leidens. Sie wird im Durst oder in der Gier gefunden. Nach der Ursachenfindung folgt die Therapie, die nur in der Aufhebung eben dieses Durstes bzw. dieser Gier bestehen kann, denn diese Aufhebung führt zur Heilung der Krankheit bzw. des Leidens. Um aber die Heilung Wirklichkeit werden zu lassen, muß dieselbe vollzogen werden. Dies geschieht durch Anwenden der verabreichten Medizin, die auf die Lehre des Buddha bezogen im mittleren Weg (vgl. Abschnitt

---

chigen Rades graphisch dargestellt: Eine Beschreibung des Rades bieten: Schlingloff 1963, 33f und Dalai Lama 1996, 18-40.

2.4.2) besteht, also der Vermeidung äußerster Lust und äußerster Selbstpeinigung. Durch Anwenden des mittleren Weges wird schließlich der Durst bzw. die Gier entwurzelt und ganzheitliche Befreiung (Nirvana) bewirkt.[10]

4.2.2 Die erste Wahrheit: Das Leiden

Der Buddha benannte die erste Wahrheit folgendermaßen: "Dies, ihr Mönche, ist die edle Wahrheit vom Leiden. Geburt ist Leiden, Alter ist Leiden, Krankheit ist Leiden, Tod ist Leiden, mit Unliebem vereint sein ist Leiden, von Liebem getrennt sein ist Leiden, nicht erlangen, was man begehrt, ist Leiden: kurz die fünferlei Objekte des Ergreifens sind Leiden."[11]

4.2.2.1 Die verschiedenen Phänomene des Leidens

Der indische Begriff für Leiden heißt "dukkha" (Skt. duhkha). Dukkha umfaßt im Indischen aber mehr als der deutsche Begriff "Leiden" aussagen könnte. Der Begriff "Leiden" ist als Übersetzung nur eine Annäherung an den Originalbegriff "dukkha". Dies muß uns in der folgenden Erörterung stets bewußt sein. Der Begriff "dukkha" hat eine tiefere und umfassendere philosophische Bedeutung, so schließt er auch tiefer gehende Vorstellungen wie Unvollkommenheit, Unbeständigkeit, Nichtigkeit, das Unzulängliche, das Unbefriedigende und Unwirklichkeit in sich und bezeichnet jede Art von Unlustempfindung, von dem geringsten Unbehagen angefangen bis zum brennenden Schmerz körperlicher oder psychischer Art.[12] Der Begriff

---

10 Vgl. Schneider 1992, 95; Schumann 1995, 74; Meisig 1995, 82; Ruben, in: Frauwallner 1969, XII sowie Schlingloff 1962, 68.70 und Glasenapp o.J., 118f.

11 Reden des Buddha 1993, 95.

12 Vgl. Rahula 1963, 43; Gäng 1996, 66; Schmidt 1947, 33f; Glasenapp o.J., 119.

"dukkha" läßt sich von drei Perspektiven aus betrachten: Dukkha im gewöhnlichen Sinn als Leiden, also z.B. Alter und Krankheit, als durch Veränderung verursacht und verbunden mit bedingten Daseinsvorgängen. Im ersten Teil der oben aufgeführten ersten Wahrheit werden die einzelnen Phänomene des Leidens, die jeder Mensch wahrnehmen kann, benannt. Da hören wir von der existentiellen Situation des Menschen, von der Leidhaftigkeit von Geburt, Alter, Krankheit, Tod, von der unfreiwilligen Gesellschaft mit Menschen, die man verabscheut, von der Trennung von Freunden, von der Nichterfüllung von Wünschen. Wer ehrlich ist, muß diese Phänomene als leidhaft anerkennen. Erst wenn sie aufgehoben werden, tritt das Glück hervor. Doch hierin liegt das Entscheidende: Wer weiter sieht, erkennt: Diese Phänomene tauchen im Laufe des Lebens immer wieder auf, sie sind also vom Leben nicht zu trennen. Daraus wurde vom Buddha geschlußfolgert: Das Leben generell ist leidhaft! Wenn das Leben im ganzen als leidhaft erklärt wird, ist das keine Leugnung der Freuden und angenehmen Erfahrungen, die sich ja schon aus der Umkehrung der ersten Wahrheit ergeben (z.B. mit Liebem vereint sein, ist Glück). Im Gegenteil werden sie als feste Bestandteile des Lebens angesehen. Buddhas Urteilskriterium lag hier viel tiefer. Zum Maßstab wahren Glückes machte er die Beständigkeit, denn bei genauerem Hinsehen stellt man fest, daß jegliche Freude unbeständig ist, weil sie unabdingbar irgendwann einmal aufhört. Ein fröhliches Fest z.B. kann sich über Tage erstrecken. Doch auch nach Tagen wird es beendet sein. Dieses Fest kann also nur augenblickliches Glück bieten, aber kein beständiges. So ist es für den Buddha auch nicht verwunderlich, wenn die meisten Menschen nur die erfreuliche Seite des Lebens beachten und nicht die abstoßende. Ein Beispiel für diesen Sachverhalt sind die weitverbreiteten euphemistischen Redewendungen, die Unerfreuliches und Verpöntes verdecken wollen, oder die Tabuierung des Todes in vielen Gesellschaften der Welt, besonders in der unsrigen.[13] Lassen wir Percheron zusammenfassen: "Mit aller Schärfe zeigte er (der Buddha) den Menschen vielmehr auf, daß die Geburt der Ursprung allen Leidens in der Welt ist. Ist es nicht leidvoll, fragt der Buddha, daß auch der blühendste Körper am Ende verfallen muß, daß einem mit Sicherheit genommen wird, was man erwarb und was einem lieb ist, daß sich die Wünsche, die wir haben, nicht erfüllen, daß alles das, was wir für fest und dauerhaft halten, sich als in ständigem Wechsel befindlich erweist und wir also dauernd im Irrtum leben? Und schließlich der Tod mit der abscheulichen Aussicht, daß alles das wiederkehrt."[14]

4.2.2.2 Der philosophische Begriff des Leidens: die Unbeständigkeit

Der Begriff des Leidens ist im Sprachgebrauch des Buddha sowohl ein umgangssprachlicher wie ein philosophischer. Wir sahen im vorhergehenden Abschnitt, daß der Buddha ungeachtet aller ephemeren Momente flüchtiger Freude die menschliche Existenz ihrem wahren, ganzheitlichen Wesen nach als leidhaft ansah. Für ihn ist das Leiden unermeßlich:[15] "Wie meint ihr, ihr Mönche? Was ist mehr, das Wasser in den vier großen Ozeanen, oder die Tränen, die geflossen und von euch vergossen sind, wie ihr auf diesem weiten Wege (der Wiedergeburten) umherirrtet und wandertet und jammertet und weintet, weil euch zuteil wurde, was ihr haßtet, und nicht zuteil wurde, was ihr liebtet?"[16] Wir stellen hier fest: Der umfassende Begriff des Leidens erhält seinen wesentlichen Ort im Samsara, der Wiedergeburtenkette (vgl. Abschnitt 4.1). Weil aber der Wiedergeburtenkreislauf dem Entstehen und Vergehen unterworfen ist, so ist auch das Leben diesem Entstehen und Vergehen unterworfen und deshalb

---

13 Vgl. Rahula 1963, 46; Zotz 1996, 51; Schumann 1981, 60; Conze 1953, 40f.

14 Percheron 1970, 41.

15 Vgl. Schumann 1981, 62; Meisig 1995, 84; Kantowsky 1993, 62.

16 Reden des Buddha 1993, 186.

Leiden. Wer folglich dem Samsara angehört, der erlebt ständig aufs neue das Leiden. Wer also im Samsara "wandert", ist unabdingbar dem Leiden ausgesetzt. Erlösung bzw. Befreiung kann folglich nur außerhalb des Samsara erwirkt werden. Kennzeichen des Leidens ist die Unbeständigkeit, Vergänglichkeit oder Unvollkommenheit, anders gesagt: Das Sichzeigen von Veränderung während des Bestehens. Folglich kann nur das Beständige, Unvergängliche oder Vollkommene, dasjenige also, was sich nicht verändert, wahrhaft beglückend sein. Glücksgefühle, glückliche Lebensbedingungen dauern nicht an, sondern ändern sich. Die Änderungen erzeugen dann Schmerz, Leiden, Unglück, weil man die Glücksgefühle festhalten möchte, es jedoch nicht vermag. Diese Wechselfälle bezeichnen Veränderung und damit Unbeständigkeit und folglich Leiden. Hieraus zog der Buddha den Schluß, daß Annehmlichkeiten jedweder Art nicht erstrebenswert sind, weil sie von begrenzter Dauer sind. Das mit Sicherheit darauffolgende Leid und das Nicht-Festhaltenkönnen des Glücks, also die Vergänglichkeit, ist es, woraus er folgerte, daß sich das Leben nicht lohne. Das Leid ist also ein viel tieferes als bloßes Mißvergnügen, Enttäuschung oder Unbefriedigtsein, es ist existentiell. Diese Erkenntnis bedarf allerdings Charaktergröße, einer bestimmten geistigen Reife, die, so der Buddha, nur wenigen Menschen eigen ist. Der Durchschnittsmensch bildet sich nämlich ein, daß das Leben aufgrund der gelegentlichen freudigen Zustände und Augenblicksglücke überwiegend angenehm sei, und läßt sich dadurch von der Einsicht der generellen Leidhaftigkeit des Daseins abhalten.[17]

Conze versucht die existentielle Leidhaftigkeit allen Daseins zu verdeutlichen, indem er sichtbares vom verborgenen Leid unterscheidet und gleichzeitig feststellt, daß das verborgene Leid immer mehr mit geistigem Wachstum erkannt wird. Er definiert verborgenes Lei-

---

[17] Vgl. Schumann 1981, 62; Schmidt 1947, 42; Rahula 1963, 46f; Schneider 1992, 96; Percheron 1970, 41; Schumann 1995, 157; Oldenberg 1923, 256; ders. 1959, 265.

den als in allem liegend, was erfreulich erscheint, unter der Oberfläche aber, also im Grunde, von Übel ist. Conze führt verschiedene Beispiele verborgenen Leides an, deren Verständnis auf der Reife unserer geistigen Einsicht beruhe. Da sei z.B. die eigene Freude, die anderen aber Leiden einbringe. Beispiele seien reiche Menschen, die aufgrund ihres Reichtums nicht frei von der Angst seien, zu verarmen; sie leben auch ständig mit ihren Anstrengungen, die anderen beweisen sollen, daß sie ihren Reichtum verdient haben. Ein weiteres Beispiel sei das mit Sorge verbundene Erfreuliche. Beispiel hierfür sei jede Zuneigung, die durch die Sorge vor Verlust untrennbar mit Angst verbunden sei.[18]

Lassen wir zum Abschluß dieses Abschnittes den Dalai Lama das Leiden bewerten: "Sehr gegen seinen Wunsch geht jeder Mensch durch den Kreislauf der Erfahrung des Unbefriedigtseins oder duhkha, auch das Rad der Wiedergeburten genannt, wobei er in verschiedenster Weise zu leiden hat. Die Ursachen dieses immer gegenwärtigen Rades des duhkha sind in ihrer Gesamtheit die Verdunkelungen oder Befleckungen des Geistes wie Gier, Abneigung und Täuschung. Sie alle haben tiefe Wurzeln im Geist des Menschen, und solange diese Wurzeln nicht vollkommen beseitigt sind, ist es nicht möglich, den Strom des duhkha zum Versiegen zu bringen."[19]

Von dem Geist, von dem der Dalai Lama hier spricht, wird später noch die Rede sein.

4.2.2.3 Die fünf Aneignungsgruppen

4.2.2.3.1 Klassifizierung

Wenn das gesamte samsarische Dasein Leiden ist, dann ist auch die empirische Person als Gesamtes leidhaft. Nach Buddhas

---

[18] Vgl. Conze 1953, 42f.

[19] Dalai Lama 1982, 56.

Überzeugung setzt sich die empirische Person aus fünf Konstituenten, den Upadana-Skandhas (P. upadanakkhandas) zusammen, den Objekten, Gruppen oder Komponenten des Anhaftens, des Ergreifens, des Aneignens, des Anhangens oder auch nur den Daseinsgruppen bzw. -faktoren. Die Übersetzungen von Upadana-Skandha sind unterschiedlich. Die fünf Gruppen des Ergreifens lauten: Körper, Körperlichkeit, Form oder Gestalt (rupa) mit seinen sechs Sinnesorganen Auge, Ohr, Nase, Zunge, Tastsinn und Denkorgan. Zu beachten ist, daß der Buddha das Denkorgan zu den uns bekannten fünf Sinnesorganen dazuzählte. Weiterhin Gefühl oder Empfindung (vedana); Wahrnehmung (sanna); die (unbewußten) Einprägungen, Gestaltungen, Geistesregungen (sankhara) und schließlich das Erkennen oder Bewußtsein (vinnana). Eine besondere Erwähnung bedarf hier der Begriff "sankhara" oder "samkhara" (Skt. sanskara oder samskara). Es wird von den Autoren immer wieder betont, daß dieser Begriff im Deutschen nur unzureichend übersetzt werden kann. Er hat dann auch die verschiedensten Übersetzungen gefunden. Wichtig ist zu wissen, daß es sich bei den Sankharas um unbewußte Triebkräfte, Einprägungen, Strukturen oder unbewußt verlaufende Lebensprozesse handelt, die auf Verwirklichung drängen. Sie besitzen die inhärente Absicht, das Vorgestellte in physische Realität umsetzen zu wollen.[20] Glasenapp definiert den Sanskarabegriff in folgender Weise: "Die Sanskaras sind von ausschlaggebender Bedeutung für die Gestaltung einer künftigen Existenz, denn sie sind die karmischen Mächte, welche die Qualität eines neuen Daseins bestimmen und einem solchen als potentielle unterbewußte Eindrücke aus der Vergangenheit anhaften, um bei gegebener Gelegenheit aktuell zu werden."[21]

---

[20] Vgl. Schumann 1981, 62f; ders. 1995, 156f; Schneider 1992, 97f.100; Lehmann 1983, 90; Gäng 1996, 66; Rahula 1963, 47; Leider 1968, 308; Schmidt 1953, 14.

Leider setzt als 3. Skandha "Bewußtsein" und als 5. Skandha "Wahrnehmung", um das Bewußsein ins Zentrum zu rücken: Vgl. Leider 1968, 313f.

[21] Glasenapp o.J., 43.

Die fünf Skandhas lassen sich in die Komponenten eins plus vier (1 + 4) aufteilen. Der Körper, also alles, was an einem (menschlichen) Lebewesen materiell oder physisch ist, bezeichnet die eine Komponente (rupa). Die übrigen vier nichtmateriellen, nichtphysischen oder psychischen Komponenten werden unter "nama" zusammengefaßt, so daß die Person oder Persönlichkeit als "Name und Körper" (nama-rupa) benannt wird, ein in späteren buddhistischen Texten häufig auftauchender Begriff. Die Nama-Skandhas bezeichnen die buddhistische Wahrnehmungstheorie bzw. bilden die Stationen des Erkenntnisvorganges. Vedana steht für das leidvolle, freudvolle oder neutrale Gefühl bzw. Empfindung, das durch jeden der sechs Sinne ausgelöst wird; sanna meint das Vermögen, Gegenstände voneinander zu unterscheiden, näherhin die Wahrnehmungen von Sichtbarem, Hörbarem, Riechbarem, Schmeckbarem, Fühlbarem und den geistigen Erscheinungen; die Sankharas sind, wie schon ausgeführt, unbewußte Einprägungen oder Strukturen oder auch Triebkräfte und Willensregungen, die aus der Erfahrung in dieser oder einer früheren Existenz resultieren und das jeweilige Handeln steuern; vinnana meint das reine Bewußtsein oder Erkennen, durch das erst die Bewußt- oder Gewahrwerdung der Außenwelt bzw. des Aufgefaßten und damit auch der eigenen Existenz erfolgt.[22] Wir haben versucht, den Begriff des Sankhara näher zu umschreiben und zu definieren. Neben dem Sankharabegriff ist der Begriff des Vinnana (Skt. vijnana) der wichtigste. Schneider bietet eine treffende Definition dieses Begriffes: " ... 'Erkennen' oder 'Bewußtsein' wird ... in seiner Qualität (gut, schlecht oder neutral) von den Samskaras bestimmt. An Vijnana hängt denn auch das Problem der - durch Karman bedingten - Wiedergeburt. Es geht nämlich, mitsamt dem Karman, welches an ihm haftet, und durch dieses Karman bedingt, über den Tod hinaus und wird damit verantwortlich für die Wiedergeburt, letztlich auch für die Erlösung, denn

---

[22] Vgl. Schneider 1992, 99f; Schumann 1981, 63; Lehmann 1983, 91; Glasenapp o.J. 42; Dalai Lama 1982, 52f.

nur durch Vijnana können die Samskaras ins Bewußtsein gehoben und aufgelöst werden."[23]

4.2.2.3.2 Nichtsubstanz (anatman)

"Der Erhabene aber redete zu den fünf Mönchen also: 'Die Körperlichkeit, ihr Mönche, ist nicht das Selbst ... Die Empfindungen ... Die Vorstellungen (Wahrnehmungen) ... Die Gestaltungen, ihr Mönche, sind nicht das Selbst ... Das Erkennen, ihr Mönche, ist nicht das Selbst ...'"[24] Der Buddha stellte fest, daß die fünf Aneignungsgruppen nicht das Selbst, also nicht das Ich, nichtsubstantiell sind und führte in einem "sokratischen Dialog" mit seinen Mönchen folgende Begründung an: "'Wie meint ihr nun, ihr Mönche? Ist die Körperlichkeit beständig oder unbeständig?' 'Unbeständig, Herr.' 'Was aber unbeständig ist, ist das Leiden oder Freude?' 'Leiden, Herr.' 'Was aber unbeständig, Leiden, der Veränderung unterworfen ist, kann man, wenn man das betrachtet, sagen: das ist mein, das bin ich, das ist mein Selbst?' 'Das kann man nicht, Herr.'"[25] Derselbe Dialog erfolgt nun mit den anderen vier Aneignungsgruppen mit demselben Ergebnis der Nichtsubstanz derselben. Wir begegnen hier einem fundamentalen "Glaubenssatz" des Buddha, nämlich die Leugnung eines Ichs, einer Seele, überhaupt von irgendetwas Substanzhaftem, überhaupt von einer wie auch immer gearteten selbständigen Wesenheit, von etwas, das in seinem Dasein und Sosein, in seiner Bewegung, seinem Wollen und Handeln unvergänglich und von allem anderen unabhängig ist, mit anderen Worten: dem Anatman (P. anatta). Im Abschnitt 4.1.2 war bereits vom Anatman die Rede, und die Begründung ist, wie wir jetzt sehen, im Abschnitt 4.2.2.2 schon erläutert worden. Diese fünf Aneignungsgruppen des Menschen und die Welt überhaupt werden

---

[23] Schneider 1992, 101.
[24] Reden des Buddha 1993, 97.
[25] Ebd., 97f.

nun vom Buddha als vergänglich, leidhaft, als nichtsubstantiell deklariert. Buddha leugnete somit eine unsterbliche Seelen-Entität, ein Etwas, welches den Tod überdauert. Mit dem Selbst meinte er aber nicht die Psyche, sondern den Atman der Upanishaden-Philosophie (vgl. Abschnitt 2.1.1), den er ablehnte. Die Aneignungsgruppen sind von sich aus schon leidhaft, weil sie unbeständig, vergänglich sind und weil dies so ist, sind sie, und zwar jede einzelne von ihnen, nicht das Selbst. Die Nichtsubstanz der ersten vier Aneignungsgruppen kann der abendländische Denker noch nachvollziehen. Schwierig wird es für ihn bei der fünften Aneignungsgruppe, dem Bewußtsein, welches der Buddha nicht im Sinne von Descartes als "cogito ergo sum", sondern als "cogitatur" vorstellte. Das Bewußtsein bzw. das Geistige ist bei Buddha ein Abhängiges, das erst dann in Funktion treten kann, wenn Empfindung, Wahrnehmung und Gestaltung (sankhara) stattgefunden haben; es besteht aus einer Vielheit psychischer Faktoren, die aufspringen und wieder verschwinden, die in dauerndem Wechsel entstehen und vergehen, kurz gesagt: Es ist ursächlich bedingt.[26]

4.2.3 Die zweite Wahrheit: Die Ursache des Leidens

"Dies, ihr Mönche, ist die edle Wahrheit von der Entstehung des Leidens: es ist der Durst, der zur Wiedergeburt führt, samt Freude und Begier, hier und dort seine Freude findend: der Lüstedurst, der Werdedurst, der Vergänglichkeitsdurst."[27]

4.2.3.1 Der Durst

Die Ursache des Leidens ist also der Durst. Unter Durst wird die unersättliche, sich immer erneuernde Begierde oder Gier verstan-

---

[26] Vgl. Glasenapp o.J., 44.46; Schumann 1981, 64f; Lehmann 1983, 92f; Oldenberg 1923, 258; Schmidt 1953, 75f; Grimm 1918, 58.

[27] Reden des Buddha 1993, 95.

den, die unablässig nach Befriedigung sucht, was ständige Wiedergeburt zur Folge hat. Dieser Durst, diese Gier, dieser Trieb, dieses gierige Verlangen, dieser Sankhara bezeichnet die ganze menschliche Begehrlichkeit, das Streben nach Genuß, Leistung, Macht, Besitz. Das Individuum erscheint geradezu als Manifestation des Durstes.[28] Drei Arten des Durstes werden unterschieden: Der Durst nach Sinnenlust, der Durst nach Werden sowie der Durst nach (Selbst-)Vernichtung bzw. Nicht-Dasein. Der elementarste, vitalste und direkteste Durst ist dabei die Gier nach Sinnenlust, weil sie sich vor allem auf das Sexuelle, auf Genuß jedweder Art und materiellen Besitz bezieht und sich immer wieder von neuem an Sinneseindrücken und geliebten Dingen entzündet. Der Durst nach Werden meint die Gier nach Dasein, nach weiteren wiedergeburtlichen Daseinsformen. Unter Durst nach (Selbst-)Vernichtung wird der Wunsch verstanden, daß irgend etwas Unangenehmes nicht eintreten möge. Durch eine solche Haltung räumt man dem Befürchteten schon vor dem Tatsächlichwerden Raum ein. Der Nicht-Daseins-Durst ist also eine Umkehrung der Daseinsbegierde, im engeren Sinn Selbstquälerei. Im extremen Fall bezeichnet das Verlangen nach Nicht-Dasein den Wunsch nach Selbstbeseitigung bzw. -tötung. Selbsttötung kann aber nicht zur Befreiung führen, weil der Suizident nur den Körper, nicht aber das Karman zerstört, das dann in einem späteren Leben wieder abgegolten werden muß. Wir sehen, daß der Durst nach Werden und der Durst nach Vernichtung Buddhas mittleren Pfad (vgl. Abschnitt 2.4.2) als einzig erlösungsrelevant erscheinen lassen. Erlöst bzw. befreit werden kann nur derjenige Mensch, der sich weder auf das Leben noch auf das Sterben, ja noch nicht einmal auf die Erlösung bzw. Befreiung freut, sondern einen vollkommenen Gleichmut entwickelt hat. Wer diesen vollkommenen Gleichmut noch nicht entwickelt hat, der ist immer wieder dem Durst ausgesetzt, was ein Immer-wieder-Werden oder ein

---

[28] Vgl. Glasenapp o.J., 121.123; Schneider 1992, 102; Lehmann 1983, 100; Percheron 1970, 42.

ständig neues Ergreifen der Skandhas zur Folge hat. Da diese aber nichtsubstantiell, Nicht-Ich (anatman, P. anatta) sind, haftet man am Dasein, welches aber im ganzen leidhaft ist. Haften meint, daß die vorüberflutenden Erscheinungen (dharmas) im Sinne des Für-real-Haltens angenommen, erfaßt, aufgenommen, festgehalten, angeeignet werden.[29]

4.2.3.2 Die Unwissenheit

Den Durst oder die Gier oder den Drang allein als Ursache für den Wiedergeburtenkreislauf zu halten, war die ursprüngliche Überzeugung des Buddha. Später ergänzte er den Durst mit der Unwissenheit. Denn, wenn die Erleuchtung aus einem Wissen der Leidhaftigkeit allen Daseins besteht, dann muß folgerichtig der unbefreite Mensch im Samsara behaftet sein durch seine Unwissenheit über diese Leidhaftigkeit, speziell auch über die essentielle Leidhaftigkeit der Freuden. Die Unwissenheit besteht also im engeren Sinn aus der Nichtkenntnis des Leidens in buddhistisch-philosophischer Bedeutung und im weiteren Sinn aus der Nichtkenntnis der Lehre des Buddha überhaupt. Neben den Leidensursachen der Gier und der Unwissenheit systematisierte der Buddha später noch den Haß als die Kehrseite der Gier, das negative Begehren, hinzu und verwendete für sie die Sammelbegriffe "Einflüsse" und "Verunreinigungen". Haß bedeutet die Abneigung gegen lebendige oder leblose Objekte, von denen wir befürchten, daß sie unseren Willen durchkreuzen oder Unlust erzeugen. Im extremen Sinn bezeichnet Haß die Feindschaft, die, nach der Ansicht des Buddha, nur durch Nicht-Gegenwehr zur Ruhe

---

[29] Vgl. Schneider 1992, 102f; Rahula 1963, 60; Schumann 1981, 77; Lehmann 1983, 100; Schmidt 1947, 58; Leider 1968, 316.

Zum Begriff des Dharmas: Vgl. die Ausführungen am Ende des Abschnittes 4.3.

gebracht werden kann:[30] "Denn Feindschaft läßt im Weltenlauf niemals durch Feindschaft sich befrieden: Nicht-Feindschaft (nur) hebt (Feindschaft) auf, die Wahrheit ewig gilt (hienieden)."[31]

4.2.4 Die dritte Wahrheit: Die Aufhebung des Leidens

"Dies, ihr Mönche, ist die edle Wahrheit von der Aufhebung des Leidens: die Aufhebung dieses Durstes durch restlose Vernichtung des Begehrens, ihn fahren lassen, sich seiner entäußern, sich von ihm lösen, ihm keine Stätte gewähren."[32]

In der dritten Wahrheit vernehmen wir, daß die Vernichtung der Gier das Leiden selbst vernichtet. Das völlige Fahrenlassen, Aufgeben, Ablehnen, die Verwerfung, das Sich-Freimachen von diesem Durst ist die einzige Möglichkeit, das Leiden aufzuheben. Die Erscheinung des Leidens fällt weg, wenn die ihr zugrunde liegende Kraft beseitigt ist. Diese zugrunde liegende Kraft, die Gier muß jedoch von Grund auf vernichtet werden, will der Mensch das Heilsziel, das Nirvana (vgl. Abschnitt 4.4) erreichen. Die Grundlagen des Durstes bestehen aus der emotionalen Bindung der empirischen Person an die Skandhas und damit an die Außenwelt (vgl. Abschnitt 4.2.2.3), aus dem Sammeln von Karma, gutem wie schlechtem, denn "gut" und "böse" sind Formen des Haftens, sowie aus jenen als real gesetzten Erscheinungen (dharmas), die der Durst nach Werden dem Ich- und Seinsbewußtsein zugrunde legt. Dem Durst also zu entkommen, erreicht der Mensch nur durch Erkennen der Substanzlosigkeit des Daseins und durch das Vermeiden des Sammelns von Karma.[33]

---

30 Vgl. Schumann 1981, 78f; ders. 1995, 170.231; Schmidt 1947, 58; ders. 1953, 18; Leider 1968, 322.

31 Dhp 5, zit. nach Schumann 1995, 232.

32 Reden des Buddha 1993, 95.

33 Vgl. Conze 1953, 44; Schmidt 1947, 78; Glasenapp o.J., 124f; Frauwallner 1969, 11; Schumann 1981, 88f; Schneider 1992, 103; Leider 1968, 316.322.

Will der Mensch das Nirvana erreichen, muß er u.a. damit anfangen, von den Dingen der Welt, die ihm lieb und angenehm sind, sich loszusagen, denn der Durst nach Liebem bezeichnet das Verlangen, das Begehren nach etwas oder jemandem:[34] "Wer hundertfaches Liebes hat ..., für den gibt es hundertfaches Leid. Wer neunzigfaches Liebes hat, für den gibt es neunzigfaches Leid ... Wer ein Liebes hat, für den gibt es ein Leid; wer kein Liebes hat, für den gibt es kein Leid. Frei von Schmerz, frei von Unreinheit, frei von Verzweiflung sind sie: so sage ich."[35] Es ist zu beachten, daß das Paliwort "piya", das hier mit "lieb" übersetzt wurde, nichts mit "Liebe" zu tun hat, sondern "lieblich"; "angenehm"; "teuer"; "dasjenige, was einem gefällt, was man gern hat und behalten möchte" bedeutet.[36]

Wir sehen, daß, nach Auffassung des Buddha, der Durst und damit das Leiden nur dann dauernd zum Verschwinden gebracht werden kann, wenn ein grundlegender Wandel in der Einstellung des Menschen zur Welt erfolgt. Die Befreiung liegt nicht in den äußeren Verhältnissen, sondern in der geistigen Haltung des Menschen, denn die Begierde wird ja, laut Buddha, nicht durch irgendwelche Kasteiungen vernichtet, sondern durch geistige Bewußtseinsschulung. Die Aufhebung des Leidens muß also erst noch verwirklicht werden. Auf der abstrakt-logischen Ebene erscheint dies einfach, auf der Ebene des wirklichen Lebens ist dies aber außerordentlich schwierig, wie unsere alltägliche Erfahrung aufzeigt. Die vierte Wahrheit, der achtgliedrige Weg, zeigt nun, wie die Aufhebung des Leidens verwirklicht werden kann.[37]

---

34 Vgl. Leider 1968, 321f.

35 Reden des Buddha 1993, 217.

36 Vgl. Schmidt 1947, 83.

37 Vgl. Glasenapp o.J., 125; Schlingloff 1962, 71; Frauwallner 1969, 12; Gäng 1996, 69.

4.2.5 Die vierte Wahrheit: Der achtgliedrige Weg zur Aufhebung des Leidens

"Dies, ihr Mönche, ist die edle Wahrheit vom Wege zur Aufhebung des Leidens: es ist dieser edle achtteilige Pfad, der da heißt: rechtes Glauben, rechtes Entschließen, rechtes Wort, rechte Tat, rechtes Leben, rechtes Streben, rechtes Gedenken, rechtes Sichversenken."[38]

4.2.5.1 Grundsätzliches

Mit dem achtfachen Weg wird derjenige Weg beschritten, der die Befreiung praktisch herbeiführen soll. Er dient als Mittel, als Anleitung zur Selbstbefreiung. Das, was in den ersten drei Wahrheiten theoretisch-philosophisch erkannt wurde, soll nun umgesetzt, zur Erfahrung gebracht werden. Die Durchschauung der Welt zieht im "Gehen" des Achtweges die praktische Nutzanwendung nach sich.[39]

Es fällt auf, daß die verschiedenen Autoren zum Teil unterschiedliche Begriffe zur Kennzeichnung der acht Wegglieder verwenden. Daher sei hier der Weg nochmals mit den jeweiligen Begriffsalternativen dargestellt:

1. Rechte(r), vollkommene(r) (An-,Ein-)Sicht, Sichtweise, Erkenntnis, Glauben
2. Rechte(r,s), vollkommene(r,s) Absicht, Gesinnung, Entschluß, Wollen
3. Rechte(s), vollkommene(s) Rede, Wort, Sprechen
4. Rechtes, vollkommenes Handeln, Tun, Wirken, Verhalten

---

38 Reden des Buddha 1993, 95f.

39 Vgl. Zotz 1996, 68; Lehmann 1983, 124; Gäng 1996, 70; Schumann 1995, 170.

5. Rechte(r,s), vollkommene(r,s) Lebensführung, Lebensunterhalt, Lebenswandel, Leben
6. Rechte(r,s), vollkommene(r,s) Streben, Bemühen, Anstrengung, Kampf
7. Rechte(s), vollkommene(s) Achtsamkeit, Vergegenwärtigen, Über-, Daran-, Gedenken, Sichbesinnen, Bewußtheit, Beachtung
8. Rechte(s), vollkommene(s) Meditation, Sammlung, Konzentration, Sichversenken, Sichvertiefen.[40]

Der Achtweg wird meistens in drei Kategorien aufgeteilt, in die Kategorien der Weisheit oder (unterscheidenden) Erkenntnis (Glieder eins und zwei); der Zucht, Tugend, Sittlichkeit oder Ethik (Glieder drei bis fünf) und schließlich der Meditation, Sammlung oder Geistesschulung (Glieder sechs bis acht). Dabei steht die Weisheit sowohl am Anfang wie am Schluß des Weges. Am Anfang bezeichnet sie eine eher intuitive, vorauszusetzende Erkenntnis von der Wahrhaftigkeit der vier Wahrheiten, während sie am Schluß, nach vollendetem Weg, das höhere Wissen bezeichnet, das dann unmittelbar zur Befreiung (Nirvana) führt. Daher wird der achtteilige Heilsweg auch als derjenige beschrieben, der über Sittlichkeit, Meditation zur Erkenntnis (Weisheit bzw. Wissen) führt. Sowohl die acht Glieder als auch die drei Kategorien (Erkenntnis - Ethik - Meditation) sind nicht in irgendeiner Reihen- oder Stufenfolge voneinander abhängig. Sie sind vielmehr als Acht- bzw. Dreiklang zu begreifen, die einander gleichzeitig bedingen.[41]

---

40 Vgl. Schumann 1995, 170; Zotz 1996, 85f; Schneider 1992, 80; Rahula 1963, 83; Lehmann 1983, 124; Gäng 1996, 69; Leider 1968, 332f; Schmidt 1947, 114; Glasenapp o.J., 130; Schumann 1981, 94.

41 Vgl. Schumann 1981, 90f; Glasenapp o.J., 126; Gäng 1996, 70; Schlingloff 1962, 72; Lehmann 1983, 125; Beckh 1916b, 20-22; Uhlig 1994, 92; Rahula 1963, 83.

4.2.5.2 Die acht Glieder des Weges

4.2.5.2.1 Nr. 1 und Nr. 2: Die (vorauszusetzende) Erkenntnis

Die Kategorie "Erkenntnis" umfaßt die ersten beiden Glieder des Achtweges.

Das erste Glied "rechte Ansicht" meint zuerst, die Lehre des Buddha anzuerkennen und verwirklichen zu wollen, d.h. ein gefühlsmäßiges Erfassen, daß die vier Wahrheiten richtig sind, daß die menschliche Existenz leidhaft ist, daß die Lebewesen an die tatgesteuerte Wiedergeburt (Samsara) gebunden sind, daß das Dasein überhaupt substanzlos ist. Dieses gefühlsmäßige Erfassen der Wahrhaftigkeit der Lehre Buddhas ist ein Gefühl der Bedrängnis und Dumpfheit gegenüber dem weltlichen Leben sowie die Sehnsucht nach Freiheit, aber auch die Fähigkeit, durch die lust- und leidvolle Oberfläche des Lebens in tiefere Bezirke blicken zu können.[42]

Das zweite Glied "rechter Entschluß" meint, daß man den Heilsweg des Buddha nicht nur als richtig anerkennt, sondern beschreitet, und sein Leben in Gedanken, Wort und Handlung darauf ausrichtet. Es handelt sich um die gute Absicht, Begehren und Übelwollen aufzugeben und kein Lebewesen verletzen zu wollen.[43]

4.2.5.2.2 Nr. 3-5: Die Ethik

"Die Ethik" umfaßt das dritte bis fünfte Glied.

Das dritte Glied "rechte Rede" betrifft das gesamte Sprechverhalten des Menschen. Als erstes wird das unbedingte Vermeiden der Lüge gesetzt. Als zweites werden Empfehlungen hinsichtlich der Wirkung, des Stiles und des Inhaltes der Sprache gegeben. Zunächst

---

[42] Vgl. Lehmann 1983, 126; Uhlig 1994, 93; Meisig 1995, 85; Schlingloff 1962, 51; Schumann 1981, 91; Beckh 1916b, 22.

[43] Vgl. Lehmann 1983, 126 und Leider 1968, 332.

sollen Klatsch, Schmähung, unnützes Plappern und leeres Geschwätz vermieden werden. Man soll erkennen lernen, daß der Wert der Sprache vor allem darin liege, daß man durch sie Menschen zu heilsamen Taten bewegen könne. Ist dies nicht der Fall, ist Schweigen der Rede vorzuziehen. Die zwei Hauptkriterien des Redens sind also Wahrhaftigkeit und Heilsamkeit. Somit lautet die Grundregel: Nur Worte, die wahr und heilsam sind, sollen gesprochen werden unabhängig davon, ob sie anderen Menschen lieb sind oder nicht. Der beste Gesprächsstoff ist die Lehre des Buddha. Auch das Schweigen will geübt sein.[44]

Das vierte Glied bezeichnet das "rechte Tun bzw. Handeln". Rechtes Handeln besteht u.a. aus dem Abstehen von Lebensberaubung jedweder Art, also z.B. auch von der Lebensberaubung eines Insektes; aus dem Nichtnehmen des nicht (freiwillig) Gegebenen, also dem Abstehen von dem Stehlen; und dem Abstehen von Unkeuschheit, näherhin von sinnlichen Ausschweifungen. Keusch im buddhistischen Sinn zu handeln, bedeutet für die Laienanhänger, die sexuellen Konventionen einzuhalten, also keinen Geschlechtsverkehr mit Menschen, die unter dem Schutz ihrer Eltern, ihrer Geschwister oder anderer Verwandten stehen, mit verheirateten Menschen und mit "geschmückten Dirnen" bzw. Prostituierten zu pflegen. Für die Mönche und Nonnen gilt absolute Abstinenz im sexuellen Bereich.[45]

Das fünfte Glied der "rechte Lebensunterhalt" meint, einem harmlosen Broterwerb nachzugehen, der anderen Lebewesen kein Leid zufügt, sie also nicht schädigt oder quält. Falsche Arten des Geldverdienens wie z.B. Schlächter, Vogelsteller, Jäger, Fischer, Henker, Handel mit Waffen, Lebewesen, Fleisch, berauschenden Getränken, Gift u.a. hat der Anhänger des Buddha aufzugeben. "Verboten" sind Berufe jedweder Art dann, wenn sie gegen die "Gebote" des

---

44 Vgl. Zotz 1996, 85; Schumann 1981, 91; Klimkeit 1990, 167f; Schmidt 1947, 86. 88f.

45 Vgl. Schumann 1981, 92; Schmidt 1947, 89f; Leider 1968, 332; Schumann 1995, 172f.

Nicht-Tötens, Nicht-Stehlens, der Keuschheit, des Nicht-Lügens, des Nicht-Konsums von Rauschmitteln (z.B. Alkohol) verstoßen. Überhaupt soll im beruflichen Verkehr Ehrlichkeit herrschen, d.h., daß das Betrügen, das Andeutungen-Machen, das Andere-Schlechtmachen, die bloße Gewinnsucht bzw. Habgier vermieden werden sollen.[46]

4.2.5.2.3 Nr. 6-8: Die Meditation bzw. Geistesschulung

Die Glieder sechs bis acht werden mit der Kategorie "Meditation bzw. Geistesschulung" umschrieben. Meditation ist dabei als Methode der geistigen Disziplinierung zu verstehen.[47]

Das sechste Glied wird "rechte Anstrengung" genannt. Es handelt sich dabei um eine nach innen gerichtete Bemühung, unheilsame Geistesinhalte abzuwehren und heilsame zu fördern bzw. zu erzeugen. Unheilsame Geistesinhalte sind diejenigen Dinge, die Verlangen und Kümmernis über einen kommen lassen, wenn man sich nicht wachsam gegenüber den Sinnen verhält. Heilsame Geistesinhalte meint die günstigen Gemütszustände, auch die sieben Vorstufen zur Erleuchtung genannt: Besonnenheit, Durchschauung der Objekte, Tatkraft, Begeisterung, Beruhigung bzw. Achtsamkeit, Sammlung und Gleichmut. Diese sieben Vorstufen der Erleuchtung bereiten die Begierdelosigkeit und damit das Ende des Leidens vor. "Rechte Anstrengung" soll also das beinhalten, was verhindert, daß Gier, Haß und Verblendung entstehen, und was insgesamt "das Gehen" des Achtweges ermöglicht. Den Achtweg gangbar zu machen, meint, ihn auf eine praktische Ebene zu bringen, auf der er auch verwirklicht werden kann.[48]

---

[46] Vgl. Schumann 1981, 92; ders. 1995, 172; Glasenapp o.J., 129; Schmidt 1947, 90 sowie Zotz 1996, 87.

[47] Vgl. Schumann 1981, 93.

[48] Vgl. Schumann 1995, 172; ders. 1981, 93; Leider 1968, 333; Schmidt 1947, 115; Schlingloff 1962, 83 sowie Gäng 1996, 74f.

Die "rechte Achtsamkeit", das siebte Glied, hat eine herausragende Rolle innerhalb des Achtweges. Es geht darum, sich des momentanen Augenblickes durch besonnenes Betrachten des Körpers, der Empfindungen, der Gedanken und der Gegenstände der Gedanken, d.h. der Geistobjekte, bewußt zu werden. Diese kritische Selbstbeobachtung hat den Sinn, die sonst fast automatisch ablaufenden Funktionen wie Atmen, Gehen, Stehen usw. ins Licht der Aufmerksamkeit zu rücken, d.h. sie sich voll bewußt zu machen, allgemein gesagt: alle an der eigenen Person festzustellenden Abläufe und Funktionen gilt es unter die Kontrolle des Geistes zu bringen. Dies hat gleichzeitig eine Kontrolle der Affekte zur Folge, die, ins Bewußtsein gehoben, wieder zum inneren Gleichgewicht führen. Ein bewußtgemachter Ärgerausbruch z.B. bewirkt Beruhigung. Auf diese Achtsamkeit, dieses "wachsame Behüten" des Geistes legte der Buddha höchsten Wert, denn diese Achtsamkeit ist Voraussetzung, um höheres Wissen und schließlich die Befreiung (Nirvana) erreichen zu können. Denn die Achtsamkeit ist ja nichts anderes, als sich die latenten, unbewußten Bildekräfte (sankharas) ins Bewußtsein "zu holen", um überhaupt irgendwann dem Samsara zu entgehen.[49] Dem Anhänger des Buddha und vor allem dem Mönch und der Nonne wird empfohlen: "... Der Mönch handelt bewußt beim Gehen und Kommen, beim Aufblicken und Umherblicken, beim Gliederbeugen und -strecken, beim Tragen von Gewändern und Almosenschale, beim Essen, Trinken, Kauen und Schmecken, bei den Entleerungsvorgängen, beim Gehen, Stehen, Sitzen, Schlafen, Wachen, Sprechen und Schweigen."[50] Des weiteren wird das Beobachten des Atems empfohlen, sowie sich den Körper von der Fußsohle bis zum Scheitel vorzustellen und ihn im Geiste in seine einzelnen Bestandteile zu zerlegen und

---

49 Vgl. Zotz 1996, 87; Glasenapp o.J, 130; Uhlig 1994, 99; Gäng 1996, 75; Schumann 1981, 94; ders. 1995, 172; Beckh 1916b, 27.39; Schmidt 1953, 51.

50 D I, S. 70, M I, S. 181, zit. n. Schlingloff 1962, 56f.

sich klarzumachen, ob man augenblicklich ein angenehmes, unangenehmes oder indifferentes Gefühl in sich spürt. Auch die Gedanken sollen beobachtet werden, ob sie von Gier, Haß, Wahn, Sammlung, Befreiung u.a. erfüllt sind oder nicht. Schließlich können die Gegenstände des Denkens, näherhin die vier Wahrheiten, die fünf Skandhas (vgl. Abschnitt 4.2.2.3.1), die sechs Sinnesorgane und Sinnesobjekte oder die fünf Hemmungen oder Fesseln (Lustgier; Übelwollen und Schadenfreude; schläfrige Trägheit oder Schlaffheit; aufgeregte Unruhe und Ängstlichkeit, auch Eitelkeit und Geringschätzung sowie Zweifel[sucht]) betrachtet bzw. vergegenwärtigt werden.[51]

Das achte und letzte Glied ist die "rechte Sammlung". Auf dieser Stufe wird die höchste Form der geistigen Sammlung und Konzentration erreicht. Diesen Prozeß der Konzentration kann nur derjenige beschreiten, der die fünf Hemmungen (siehe oben) abgelegt hat, denn diese schwächen die Erkenntnis, die ja Zielpunkt der "rechten Sammlung" ist. Derjenige, der die fünf Hemmnisse abgelegt hat, empfindet zuerst Befriedigung, aus der dann Freude, nach der Freude Ruhe des Körpers und aus der Ruhe des Körpers dann Wohlbehagen entsteht, so daß er in die erste Versenkungsstufe eintreten kann. "Rechte Sammlung" wird als Einspitzigkeit des Denkens, als die Konzentration aller Achtsamkeit auf ein bestimmtes Objekt, auf einen bestimmten Punkt, wobei alles andere ausgeschaltet wird, beschrieben. Ziel ist die Aufhebung des Unterschiedes zwischen Subjekt und Objekt, ist ein geistiger Zustand zeitweiser Weltentrücktheit. Näherhin wird dieser hochkonzentrierte Zustand des Geistes in den vier

---

51 Vgl. Zotz 1996, 87-89 und Glasenapp o.J., 130f; die fünf Hemmnisse: Vgl. Schlingloff 1962, 82; Leider 1968, 476; Schmidt 1947, 122; Glasenapp o.J., 131 sowie Beckh 1916b, 44.

Eine ausführliche Beschreibung der Achtsamkeitsübungen bieten: Schlingloff 1962, 73-83 und Meisig 1995, 88-90.

Versenkungs- oder Vertiefungsstufen, die nacheinander durchlaufen werden, dargestellt.[52] Sie lauten:

1. Abgeschiedenheit von allen niederen Begierden und von unheilsamen Zuständen, Vorhandensein von Überlegung und Erwägung, aus der Loslösung resultierendes freud- und lustvolles Wohlbefinden.
2. Das Freiwerden des Denkens bzw. Bewußtseins von jeglichem diskursiven Erwägen und Erfassen, inneres Stillwerden, volle Beruhigung des Geistes (Einheit bzw. Einung des Geistes), weiterhin freud- und lustvolles Wohlbefinden.
3. Aufhören des freudigen Behagens und inneren Friedens, Verharren bzw. Verweilen in Gleichmut und achtsamer Bewußtheit, Vorhandensein von körperlichem Lustempfinden.
4. Ablegen jeglicher Lust- und Leidgefühle und der Erinnerung an sie, Erlangen von Gleichmut und Achtsamkeit in höchster Läuterung bzw. Reinheit; d.h. reines bzw. geläutertes Gegenwärtigsein.[53]

Es ist zu beachten, daß die erste Vertiefungsstufe dem Jugenderlebnis des Buddha entspricht (vgl. Abschnitt 2.2.2.2). Die weiteren vier bzw. fünf Tiefenstufen, die mit den kosmischen bzw. Göttersphären gleichgesetzt werden, stammen nicht vom Buddha und sind nicht erlösungsrelevant. Der Buddha selbst hatte sie bei Alara Kalama und Uddaka Ramaputta erlernt und als nicht erlösungsrelevant verworfen (vgl. Abschnitt 2.3.2). Sie lauten:

---

52 Vgl. Lehmann 1983, 143; Leider 1968, 344.476; Beckh 1916b, 44; Zotz 1996, 90; Glasenapp o.J., 131f sowie Meisig 1995, 87.

53 Vgl. Beckh 1916b, 45f; Glasenapp o.J., 135; Schneider 1992, 89f; Schlingloff 1962, 58f; Schumann 1981, 96; ders. 1995, 71; Rahula 1963, 87f; Zotz 1996, 44.

Eine komprimierte Erläuterung der vier Versenkungsstufen bieten: Glasenapp o.J., 136; Schlingloff 1962, 62 sowie Zotz 1996, 42-44.

1. Bereich der Unendlichkeit des Raumes
2. Bereich der Unendlichkeit des Bewußtseins
3. Bereich des Nichts
4. Bereich jenseits von Bewußt und Unbewußt, des Weder-Wahrnehmens-noch-Nichtwahrnehmens
5. Vernichtung von Wahrnehmung und Empfindung.[54]

Erwähnt sei hier noch die sogenannte "Metta-Meditation", die der Buddha seinen Anhängern empfohlen haben soll. In dieser "Metta-Meditation" soll sich der Anhänger die vier unermeßlichen Eigenschaften des Gottes Brahma erwerben: Liebe, Mitleid, Mitfreude sowie Gleichmut gegenüber eigenem Glück und Leid. Im Geiste soll er alle vier Weltrichtungen, also die ganze Welt, mit Liebe, Mitleid, Mitfreude und Gleichmut durchdringen und dabei ein allgemeines Wohlwollen, eine warme, gütige Gesinnung, die keine Schranken kennt, gegenüber allen Wesen, also Menschen, Tieren und anderen Wesen, entwickeln.[55]

Erwähnt seien auch noch die zehn Gebote, die der Buddha aufgestellt haben soll, wobei der Begriff "Gebot" unzutreffend ist. Vielmehr handelt es sich bei den ersten fünf "Geboten" um ethische Orientierungen, bei den "Geboten" sechs bis zehn um Disziplinregeln. Diese Regeln sind aus den Bedürfnissen der frühen Anhängerschaft heraus entstanden als Orientierungsregeln zur Vermeidung karmischen Abstieges. Für Laienanhänger gelten die ersten fünf Regeln,

---

[54] Vgl. Zotz 1996, 42; Schlingloff 1962, 61; Schneider 1992, 90; Schumann 1981, 96.

Eine ausführliche Beschreibung dieser sogenannten "höheren Bewußtseinsstufen" und ihren Bezug zu den einzelnen Göttersphären stellt dar: Beckh 1916b, 48-55.

[55] Vgl. Zotz 1996, 91 und Schmidt 1947, 101.

während Mönche und Nonnen alle zehn Regeln einhalten müssen.[56] Nach Schumann lauten sie:

"1. Vermeidung des Zerstörens von Leben,
2. Abstehen vom Nehmen nicht gegebener Dinge,
3. Enthaltung von unkeuschem Wandel,
4. Vermeidung von Lüge,
5. Enthaltung vom Genuß berauschender Getränke,
6. Enthaltung vom Essen nach Mittag,
7. Sich-Fernhalten von Tanz, Musik und Schaustellungen,
8. Vermeidung von Blumenzierat, Parfüm, Schminke und Schmuck,
9. Nichtbenutzung hoher und üppiger Betten,
10. Nichtannahme von Gold und Silber."[57]

4.2.5.3 Die Analyse des Achtweges

Nachdem wir die einzelnen Glieder des Achtweges beschrieben haben, erfolgt nun eine kurze Beschreibung hinsichtlich der Beziehung der einzelnen Glieder zueinander unter der Voraussetzung, daß der Weg willentlich "beschritten" wird.

Zielpunkt des Weges ist das achte Glied "rechte Konzentration", wobei die Meditation (Nr. 8), mit der der Achtweg schließt, nicht das letzte Ziel ist, sondern nur Mittel zu dessen Erreichen. Über "rechte Konzentration" hinaus erfolgt die hohe Erkenntnis (Weisheit) und darauf schließlich die Befreiung (Nirvana [vgl. Abschnitt 4.2.5.1]). Bevor die "rechte Konzentration" aber überhaupt erreicht werden kann, muß das ethische Verhalten und die rechte Achtsamkeit

---

56 Vgl. Schumann 1995, 173; ders. 1981, 99; Schmidt 1947, 91.
57 Schumann 1981, 99f.

vervollkommnet sein. Mit anderen Worten: Die "rechte Konzentration" ist mit den anderen sieben Gliedern des Weges ausgestattet.[58]

Kommen wir zurück zum Anfang des Weges. Die "rechte Sicht" (Nr. 1) als Voraussetzung und als Gegenteil von "falscher Sicht" bringt am Anfang gutes Karman, am Schluß als höhere Form von "rechter Einsicht" (hohe Weisheit) überhaupt kein Karma mehr aufgrund der Vernichtung von Gier, Unwissenheit und Haß (vgl. Abschnitt 4.2.3). "Rechte Sicht" erzeugt am Anfang gleichzeitig "rechtes Bemühen" (Nr. 6) und "rechte Aufmerksamkeit" (Nr. 7), weil man sich bemüht, die "falsche Sicht" aufzugeben und in der "rechten Sicht" zu verweilen. In Zahlen ausgedrückt: Nr. 1 führt zu Nr. 6 und Nr. 7. Dasselbe erfolgt nun mit Nr. 2 bis Nr. 5, die ständig auf dem Weg von Nr. 6 und Nr. 7 korrigierend begleitet werden, solange bis die ersten sieben Glieder vervollkommnet sind, um dann in "rechte Konzentration" (Nr. 8) einzumünden. In einer mathematischen Formel unter Mißachtung der geltenden mathematischen Axiome so dargestellt:

(Nr. 1 + Nr. 2 + Nr. 3 + Nr. 4 + Nr. 5) (Nr. 6 + Nr. 7) = Nr. 8.

Wir sehen die große Bedeutung der Glieder Nr. 6 und Nr. 7 ("rechtes Bemühen" und "rechte Achtsamkeit") und des "Krönungsgliedes" Nr. 8 ("rechte Konzentration"). Zuerst wird versucht, gutes Karma zu sammeln. Dafür ist "rechtes Bemühen" zuständig. Ziel ist es aber, überhaupt kein Karma mehr zu sammeln. Dies wird durch Üben der "rechten Achtsamkeit" erreicht.[59] Lassen wir Schneider zusammenfassen: "Kurzum: 'Rechte Sicht' (Nr. 1) führt auf den (Achtgliedrigen) Weg; 'rechtes Bemühen' (Nr. 6) führt (weg von schlechtem) hin zu guten Karman und 'rechte Achtsamkeit' (Nr. 7) führt noch darüber hinaus - letztlich zur Erlösung, die mit 'rechter Konzentration' (Nr. 8) erreicht wird."[60]

---

58 Vgl. Schneider 1992, 76 und Beckh 1916b, 19.40.

59 Vgl. Schneider 1992, 76f.80 und Meisig 1995, 86.

60 Schneider 1992, 80.

Es sei noch darauf hingewiesen, daß in den Pali-Quellen auch von Menschen die Rede ist, die ohne den Achtweg bewußt beschritten zu haben, also auch ohne Anwendung von Meditation, die Befreiung (Nirvana) erreicht haben. Sie haben die Befreiung, also die Vernichtung der wiedergeburtlichen Triebkräfte, aufgrund ihrer guten bzw. günstigen karmischen Disponiertheit allein durch Erkenntnis bewirkt. Entscheidend für die Befreiung (Nirvana) sind also nicht die vier Versenkungen, auch nicht der Achtweg an sich, der lediglich ein Hilfsmittel zur Läuterung darstellt, sondern vielmehr die Ausrottung von Gier, Unwissenheit und Haß (vgl. Abschnitt 4.2.3).[61]

4.2.5.4 Die vier Heilsstufen

Der dargelegte Achtpfad führt je nach dem Grad der Verwirklichng zu vier Heilsstufen: dem Stromeintritt, zur Einmalwiederkehr, zur Nichtwiederkehr oder zur Befreiung als Arhat (Heiliger). Der Stromeingetretene bezeichnet denjenigen Menschen, der sich im Sinne des Achtweges auf den Weg gemacht hat; er befindet sich auf dem sicheren Weg der Erlösung und ist vor schweren Rückfällen, d.h. vor niederen Wiedergeburten (Höllen, Gespenster, Tiere) sicher. Nach einer beschränkten Anzahl von Wiedergeburten (Glasenapp meint: siebenmal) wird er vollkommen von Gier, Unwissenheit und Haß befreit sein. Der Einmalwiederkehrer hat die drei Einflüsse bis auf einen kleinen Rest vernichtet und muß sich noch einmal als Mensch verkörpern, um dann ins Nirvana einzugehen. Der Nichtwiederkehrer gelangt nach seinem Tod in eine der höheren Götterwelten und geht von dort aus ins Nirvana ein. Beckh meint, der Nichtmehrwiederkehrende bezeichne denjenigen, der noch in seinem jetzigen Leben die Befreiung erlange. Die Arhats sind schließlich diejenigen,

---

Eine ausführliche Analyse des achtgliedrigen Weges schildert: Schneider 1992, 75-95.

61 Vgl. Schumann 1981, 99; ders. 1995, 242 sowie Glasenapp o.J., 137.

die die Befreiung im gegenwärtigen Dasein bereits verwirklicht haben. Sie befinden sich, wie der Buddha, im vortodlichen Nirvana, d.h. bis zum Parinirvana, dem nachtodlichen Nirvana, existiert der Arhat mit seinen fünf Gruppen (vgl. Abschnitt 4.2.2.3.1), die ja seine empirische Person ausmachen, weiter, bevor auch diese nach seinem Tod "verwehen". Physischen Leiden sind die Arhats bis zu ihrem Tod weiterhin ausgesetzt, das psychische Leiden haben sie jedoch gänzlich überwunden. Zotz meint, daß diese vier Heilsstufen wesentlich zum Erfolg der Lehre des Buddha beigetragen haben, weil sie auch denjenigen Anhängern des Buddha, die in Besitz und Bindungen lebten, die Möglichkeit eröffnete, wenn auch nicht nach dem schwer zu erreichenden Ziel des Arhat, so doch nach dem Stromeintritt zu streben und somit zukünftiger Befreiung sicher sein zu können.[62]

4.3 Das bedingte Entstehen

"Wenn dieses ist, wird jenes; infolge der (bzw. durch die) Entstehung von diesem entsteht jenes; wenn dieses nicht ist, wird jenes nicht, durch die Aufhebung von diesem wird jenes aufgehoben."[63] Dieser Satz Buddhas bezeichnet, ohne konkrete Begriffe zu nennen, das Prinzip des Entstehens in Abhängigkeit. Diese Erkenntnis Buddhas wurde später von frühbuddhistischen Verfassern zum sogenannten Lehrsatz des Entstehens in Abhängigkeit erweitert, und zwar aus dem Bedürfnis heraus, die vier Wahrheiten als theoretisch-praktische Formel durch eine rein theoretisch-philosophische zu ergänzen. Dieser kompilierte Kausal- bzw. Konditionalnexus wurde später dem Buddha von den frühbuddhistischen Verfassern in den

[62] Vgl. Zotz 1996, 91; Glasenapp o.J., 146f; Beckh 1916b, 130; Schumann 1995, 176 sowie Schmidt 1947, 138-140.

[63] S 12,41,15, zit. nach Glasenapp o.J., 47f.

Mund gelegt.[64] Er lautet nach Schlingloff: "... (1) Auf dem Nichtwissen (2) beruhen die Gestaltungen; (3) auf den Gestaltungen beruht das Bewußtsein; (4) auf dem Bewußtsein beruht Name-Form (die Individualität); (5) auf Name-Form beruhen die sechs Bereiche; (6) auf den sechs Bereichen beruht die Berührung; (7) auf der Berührung beruht die Empfindung; (8) auf der Empfindung beruht der Durst; (9) auf dem Durst beruht das Ergreifen; (10) auf dem Ergreifen beruht das Werden; (11) auf dem Werden beruht die Geburt; (12) auf der Geburt beruht Alter und Tod; es ergeben sich Kummer, Klage, Leid, Trübsinn und Unruhe." Und umgekehrt: "Durch die Aufhebung des Nichtwissens Aufhebung der Gestaltungen - des Bewußtseins - Name-Form - der sechs Bereiche - der Berührung - der Empfindung - des Durstes - des Ergreifens - des Werdens - der Geburt; durch die Aufhebung der Geburt die Aufhebung von Alter und Tod; Kummer, Klage, Leid, Trübsinn und Unruhe werden aufgehoben."[65]

Nachdem wir die vier Wahrheiten in ausführlicher Form besprochen haben, geht die Analyse des Konditionalnexus schnell vonstatten. Die oben aufgeführten beiden Reihen sind nichts anderes als eine andere theoretische Erklärung der zweiten bzw. dritten Wahrheit, wobei die Erkenntnis dieselbe bleibt. Im Konditionalnexus wird jedoch die abhängige Ursache betont, die im Kausalzusammenhang des Geburtenkreislaufes oder im Entstehen in Abhängigkeit besteht.[66]

---

64 Vgl. Schumann 1995, 165; Lehmann 1983, 105f; Schumann 1981, 80.83; Beckh 1916b, 94.

Nach der Meinung der meisten Forscher ist der Kausal- bzw. Konditionalnexus Produkt der frühbuddhistischen Mönche, eine ausführliche und plausible Begründung dafür bietet: Schneider 1992, 104f; Klimkeit und Percheron meinen zwar, der Kausalnexus gehe auf Buddha selbst zurück, begründen dies aber entweder gar nicht oder nicht plausibel: Vgl. Klimkeit 1990, 193 und Percheron 1970, 47.

65 V I, S. 1f, zit. n. Schlingloff 1962, 96.

66 Vgl. Beckh 1916b, 95 und Schlingloff 1962, 98.

Vgl. auch Dalai Lama 1996, 21-24: Der Dalai Lama versucht hier den Konditionalnexus in bezug auf alle vier Wahrheiten zu erläutern.

Kommen wir nun zur Analyse des Konditionalnexus. Das erste Glied ist die "Unwissenheit" (vgl. Abschnitt 4.2.3.2). Sie bezeichnet die Unkenntnis bzw. das Unbekanntsein mit den vier Wahrheiten. Nr. 2 die "Gestaltungen" und Nr. 3 das "Bewußtsein" entsprechen den Skandhas Nr. 4 bzw. Nr. 5 (vgl. Abschnitt 4.2.2.3.1), Nr. 4 die "Individualität" entspricht allen fünf Skandhas. Nr. 5 die "sechs Bereiche" benennen die sechs subjektiven Sinne (Auge, Ohr, Nase, Geschmack-, Tastsinn, Denkorgan) und den von ihnen erzeugten objektiven Bereich (Form oder Gestalt, Ton, Geruch, Geschmack, Berührbares und [Geist-]Objekte). Nr. 6 "Berührung" meint den Kontakt des subjektiven Bereichs mit dem objektiven. Nr. 7 die "Empfindung" entspricht skandha Nr. 2. Nr. 8 der "Durst" ist in der zweiten Wahrheit enthalten (vgl. Abschnitt 4.2.3.1). Nr. 9 bis Nr. 12 "Ergreifen", "Werden", "Geburt", "Alter und Tod" lassen sich allesamt in der ersten Wahrheit wiederfinden, wobei Nr. 10 "Werden" zwar nicht expressis verbis, aber sinngemäß vorzufinden ist (vgl. Abschnitt 4.2.2). Entscheidendes Glied des Konditionalnexus ist also die "Unwissenheit" (Nr. 1). Sie bezeichnet zum einen die "falsche Sicht" im Gegensatz zu "rechter Sicht" (= 1. Glied des Achtweges, vgl. Abschnitt 4.2.5.3), zum anderen die letzte Ursache für das Elend des dauernden Wiedergeborenwerdens.[67]

Die kürzeste Formel für Buddhas Philosophie läßt sich in drei Merkmalen ausdrücken: "1. Alle Samskaras sind vergänglich, 2. alle Samskaras sind leidhaft; 3. alle Gegebenheiten (dharmas) sind nichtsubstantiell (anatman)."[68] Wir sahen, daß der Begriff "samskara" (P. sankhara) das Zurechtmachen aus Absicht, das Hervorbringenwollen, d.h. Triebe, Neigungen, Interessen, Willensregungen bezeichnete (vgl. Abschnitt 4.2.2.3.1). Zu ergänzen ist noch, daß der Begriff

---

67 Vgl. Oldenberg 1959, 254; Frauwallner 1969, 29 sowie Schneider 1992, 106f.109f.
Eine ausführliche Analyse des Konditionalnexus bietet: Schneider 1992, 103-111.

68 Zotz 1996, 70.

"samskara" nicht nur das Zurechtmachen, sondern auch das Zurechtgemachte, also alles Hervorgebrachte, jedes Gebilde und im weitesten Sinn sämtliche Objekte der Begierde bezeichnet, wobei das Gemachte im Vorgang des Gemachtwerdens gedacht wird. Daß alle Samskaras vergänglich und damit leidhaft sind, läßt sich aus ihrer Unbeständigkeit erklären (vgl. Abschnitt 4.2.2.2). Damit sind Punkt 1 und Punkt 2 der oben aufgeführten Formel erläutert. Bleibt Punkt 3 übrig. Der Begriff "dharma" (P. dhamma) bezeichnet im Buddhismus die Wirklichkeit tragenden Gegebenheiten oder Einzelfaktoren. Dharmas sind die letzten monadeartigen Teile verschiedenster Art, die bei analytischer Betrachtung der Erscheinungswelt als nicht weiter zerlegbar zurückbleiben, aus denen sich alles, Geistiges wie Körperliches, zusammensetzt.[69] Für Glasenapp ist "... Dharma ein philosophischer terminus technicus für die letzten, nicht mehr weiter erklärbaren und reduzierbaren Daseinsfaktoren, welche durch ihr Zusammenspiel ein Individuum und seine Erlebniswelt zustande bringen ... Als Dharmas gelten ... eine Unmenge von Dingen der mannigfachsten Art, die nach unserem Empfinden ganz verschiedenen Denkkategorien angehören, nach buddhistischer Anschauung aber insgesamt objektive Kräfte darstellen, welche sich nicht mehr auf etwas anderes zurückführen lassen"[70]. Dharmas sind z.B. Farben, Töne, Atem, Rede, Bewußtsein, Wollen, Fühlen, Entstehen, Altern, Sterben, Vergehen. Auch zentrale Punkte der Buddhalehre lassen sich als dharma bezeichnen. So sind z.B. die fünf Hemmnisse (vgl. Abschnitt 4.2.5.2.3) sowie die vier Wahrheiten überhaupt dharmas.[71] Daß die Dharmas nichtsubstantiell sind, wurde bereits im Abschnitt 4.2.2.3.2 aufgezeigt, in dem ja die Nichtsubstanz der fünf Aneignungsgruppen erläutert wurde.

---

69 Vgl. Oldenberg 1959, 256; Zotz 1996, 70.72; Glasenapp o.J., 37; Percheron 1970, 37.

70 Glasenapp o.J., 38.

71 Vgl. Glasenapp o.J., 38; Zotz 1996, 72 sowie Schneider 1992, 82.

4.4 Das Nirvana

"Es gibt, ihr Mönche, ein Ungeborenes, Ungewordenes, nicht Gemachtes, nicht Gestaltetes. Gäbe es nicht, ihr Mönche, dies Ungeborene, Ungewordene, nicht Gemachte, nicht Gestaltete, würde für das Geborene, Gewordene, Gemachte, Gestaltete kein Ausweg zu erfinden sein. Da es aber, ihr Mönche, ein Ungeborenes, Ungewordenes, nicht Gemachtes, nicht Gestaltetes gibt, so ist für das Geborene, Gemachte, Gestaltete ein Ausweg zu erfinden."[72]

Wir sind zur Krönung der Lehre Buddhas gelangt, dem Nirvana.

Alles Streben, jegliche Anstrengung wird nur deshalb auf sich genommen, um die Befreiung, das Nirvana zu erreichen.[73] "Wie das große Weltmeer nur den einen Geschmack des Salzes hat, so hat die Lehre des Buddha nur den einen Geschmack der Erlösung."[74]

Das Nirvana ist asamskara, also das Gegenteil von samskara (P. sankhara [vgl. Abschnitt 4.2.2.3.1]). Es ist also ungestaltet, ungeprägt, unstrukturiert. Durch die Vernichtung der Sankharas ist auch das Karma, gutes wie schlechtes, erloschen, so daß auch Befreiung vom Wiedergeburtenkreislauf eingetreten ist. Die dritte Wahrheit (vgl. Abschnitt 4.2.4) ist verwirklicht dadurch, daß der Achtweg (vgl. Abschnitt 4.2.5) zu Ende gegangen worden ist. Auf der vollständigen Verwirklichung der rechten Achtsamkeit bzw. rechten Sammlung erfolgt nun rechte Erkenntnis und rechte Befreiung, die sich gegenseitig bedingen, denn die Befreiung ist ein Zustand höchster Bewußtheit, der Befreite weiß, daß er befreit ist und hat sich jeglichen Haftens entledigt, er ist frei von jeder Art des Begehrens geworden:[75]

---

72 Reden des Buddha 1993, 305.

73 Vgl. Beckh 1916b, 116 und Schlingloff 1962, 117.

74 A IV, S. 203, zit. n. Schlingloff 1962, 117.

75 Vgl. Beckh 1916b, 112.114; Schneider 1992, 101; Schlingloff 1962, 101; Leider 1968, 328f.

"Für das, was an anderm haftet, gibt es Wanken. Für nicht Haftendes gibt es kein Wanken. Wo kein Wanken ist, ist Ruhe. Wo Ruhe ist, ist keine Lust. Wo keine Lust ist, ist kein Kommen und Gehen. Wo kein Kommen und Gehen ist, ist kein Sterben und keine Geburt. Wo kein Sterben und keine Geburt ist, ist kein Hienieden, kein Drüben, kein Dazwischen. Das ist des Leidens Ende."[76]

Der Begriff "Nirvana" (P. Nibbana) bezeichnet dem Wortsinn nach "erloschen", "ausgeweht", "hinausgegangen", "kühlgeworden". Mit einem Bild verglichen ist Nirvana das Auslöschen eines Feuers oder einer Lampe, das Verlöschen des Feuers der Leidenschaft. Im Nirvana tritt eine Befreiung des Geistes ein, eine Befindlichkeit des Geistes, die irreversibel und daher als sicher, dauerhaft und beständig angesehen wird. Somit ist Nirvana nicht nur, um in der Sprache des Bildes zu bleiben, das Verlöschen einer Flamme, sondern auch das Resultat des Verlöschens, das Erloschensein des Feuers, der Begierde, der Unwissenheit. Es läßt sich von ihm nicht sagen, was es ist oder ob es überhaupt ist oder ob es nicht ist. Nirvana "ist" weder Sein noch Nicht-Sein, weder Zeit noch Raum, es ist sprachlich nicht faßbar, kann nur erlebt werden. Daher kann das Nirvana nur negativ bestimmt werden: Es ist das Nicht-immer-wieder-Geborenwerden, also die Vernichtung aller Faktoren, die an den Samsara und sein Leiden binden, die Stätte jenseits von Leid und Vergänglichkeit und das Zurruhekommen der Tatabsichten (sankharas); es ist die Vernichtung der drei Grundübel Gier, Unwissenheit und Haß (vgl. Abschnitt 4.2.3). Der Buddha selbst hat es wohl aus diesen Gründen nicht näher definiert, weil es jeder Mensch selbst letztlich erleben muß, um dessen "Wirklichkeit" zu begreifen.[77] Glasenapp definiert den Begriff des Nirvana so: "Als philosophischer Terminus bezeichnet es zunächst

---

[76] Reden des Buddha 1993, 305.

[77] Vgl. Beckh 1916b, 115.127; Leider 1968, 322f; Schlingloff 1962, 113f. 117; Schneider 1992, 70; Percheron 1970, 51f; Schumann 1995, 175f; ders. 1981, 103.106; Uhlig 1994, 151.

das Verlöschen der individuellen Existenz, schließlich einen Zustand unüberbietbarer Seligkeit in dieser Existenz oder nach dem Tode. Das Nirvana besteht zunächst also im Erlöschen des Feuers der Gier, des Hasses und der Verblendung. Dieses Erlöschen tritt bei demjenigen ein, der das Nichtwissen vernichtet hat."[78] Das Nirvana ist nichtbedingt, *ein* dharma (vgl. Abschnitt 4.3), eine nicht analysierbare Gegebenheit. Die anderen Dharmas bilden die Einzelwesen und die Wandelwelt. Von ihnen ist das Nirvana unabhängig. Es ist nicht durch andere Dharmas, vor allem nicht durch die Sankharas bedingt und aufgrund dieser Unbedingtheit nicht dem leidvollen Entstehen und Vergehen unterworfen. Wenn aber das außersamsarische, jenseits der Bedingtheit liegende Nirvana ein dharma ist, dann ist es folglich, wie alle anderen Dharmas auch, nichtsubstantiell, also kein Absolutes. Leider bezeichnet es als Idealität im Gegensatz zur "Realität".[79] Wir können zusammenfassen: Das Nirvana ist ein dharma und unbedingt. In ihm gibt es kein Entstehen und Vergehen, folglich ist in ihm kein Leiden zu finden. Kurzum: Das Nirvana ist das unumkehrbare Ende des Leidens, diejenige Sphäre, die unermeßlich, unauslotbar, unergründlich ist.[80]

Es sei noch auf ein Paradoxon im Zusammenhang mit dem Nirvana hingewiesen: Derjenige, der es erlangen möchte, muß letztendlich sogar die liebgewordenen Ideale, d.h. das Nirvanastreben und die Buddhalehre selbst ablegen. Das Gieren nach dem Nirvana läßt es nämlich nicht "Wirklichkeit" werden, weil das Nirvana als Beendigung aller Gier erst "Wirklichkeit" werden kann, wenn es selbst kein Objekt der Begierde mehr ist. Somit erweisen sich übermäßige Eile zum Heil (Ungeduld) und sehnsüchtiges Denken an die Befreiung als

---

78 Glasenapp o.J., 148.
Zum vortodlichen und nachtodlichen Nirvana: Vgl. Abschnitt 4.2.5.4.

79 Vgl. Schumann 1995, 174; Glasenapp o.J., 153; Zotz 1996, 76; Schumann 1981, 104; Leider 1968, 302.

80 Vgl. Beckh 1916b, 135; Glasenapp o.J., 152; Schumann 1995, 177.

Erlösungshindernisse. Geboten ist vielmehr eine Gelassenheit, die das Ziel ständig verfolgt, sich ihm aber im Sinne einer absichtslosen Haltung geduldig, also ohne Hast und Fanatismus, nähert.[81]

Der Buddha, dem die "Realität" des Nirvana durch sein Erwachen bzw. seine Erleuchtung (vgl. Abschnitt 2.3.3) als unumstößliche Tatsache galt, setzte das Ende des Leidens auch mit dem Ende der Welt gleich. Nur derjenige, der das Ende der Welt erreicht hat, kann nach seiner Überzeugung auch dem Leiden ein Ende setzen. An das Ende der Welt kommt aber derjenige Mensch, der die Scheinbarkeit eigenständiger Existenz erkennt, weil er hinter subjektivem Sein und objektiver Welt die bedingt entstehenden und vergehenden Dharmas *erlebt*. Die Frage, ob das Ende der Welt durch Gehen erreicht werden könne, verneinte der Buddha, indem er auf die Vertiefung im Menschen selber verwies:[82] "In diesem sechs Fuß hohen Leib mit seinem Wahrnehmen und Bewußtsein sind die Welt, das Entstehen der Welt, das Ende der Welt und der Pfad, der zum Ende der Welt führt, enthalten."[83]

---

[81] Vgl. Schumann 1981, 104; ders. 1995, 174f.

[82] Vgl. Glasenapp o.J., 59.156; Zotz 1996, 76; Beckh 1916b, 110.

[83] A 4,45, zit. nach Zotz 1996, 76.

II Jesus: Leben, Persönlichkeit, Lehre

0. Einführung

Wie Buddha ist auch Jesus durch den Schleier der Überlieferung sichtbar. Durch Anwendung der historisch-kritischen und der hermeneutisch-verstehenden Methode läßt sich ein Bild bzw. ein Eindruck vom Leben, der Persönlichkeit und vor allem von der Lehre des Jesus rekonstruieren. Zu beachten ist dabei stets die Kultur in Palästina im 1. Jh. n. Chr., in der Jesus lebte, und die ihn geprägt hat. Buddha, der sechs Jahrhunderte vor Jesus in Indien lebte, ist ja auch wesentlich von der damaligen indischen Kultur geprägt worden, die im übrigen einen höheren Grad der Verfeinerung als die palästinische zur Zeit Jesu erreicht hatte. Im folgenden werden wir also versuchen, vor allem die Lehre Jesu in ihrer Authentizität zu erkunden.[1]

Die Kultur in Palästina im 1. Jh. n. Chr. war durch und durch geprägt durch die jüdische Religion, in deren Zentrum der Glaube an den Gott Jahwe (vgl. Abschnitt 4.1) stand. Zur Zeit Jesu herrschte aber auch apokalyptische Naherwartung (vgl. Abschnitt 4.3.1). Es ist nun wichtig zu wissen, daß Jesus Jahwe durchweg wie eine bekannte und gleichsam gegebene Größe voraussetzte. Mit anderen Worten: Der Gott Jesu ist der Gott des Alten Testamentes. Zu beachten ist weiterhin, daß die Vorstellungsweise der Jahweverehrer anthropomorph war, d.h. Gott wurde in menschlichen Kategorien gedacht. Von hierher ist es zu verstehen, daß die anthropomorphe Denk- und Redeweise die Personhaftigkeit und Männlichkeit Gottes zum Aus-

---

1 Vgl. Jaspers 1995, 186; Craveri 1970, 188; Vermes 1993, 2.
Zu beachten sind die Echtheitskriterien, die in der Forschung angewendet werden, um authentische Jesus-Worte festzustellen: Vgl. Conzelmann-Lindemann 1995, 458-460.
Crossan hat versucht, authentische Jesus-Worte hintereinander aufzulisten, wobei natürlich einzelne Jesus-Worte und überhaupt deren Vollständigkeit umstritten bleiben: Vgl. Crossan 1994, 12-26.

druck brachte.[2] Was das Verstehen der damaligen apokalyptischen Vorstellungen von heute her betrifft, interpretieren Theißen-Merz: "Die axiomatische Überzeugung von der hermeneutischen Fremdheit der Vergangenheit ist vielleicht die jüngste Idee historischen Bewußtseins ... Erst durch Konfrontation mit fremden Lebenswelten erkennen wir, was uns mehr als alles andere über die Jahrhunderte hinweg verbindet: Die gewaltige sinngebende Aktivität des Menschen, mit der er seine verschiedenen Lebenswelten aufbaut ... Erst jetzt verstehen wir, daß apokalyptische Gerichtserwartungen von Menschen entworfene Bilder sind."[3]

Wenn im folgenden von Jesus und seiner Lehre die Rede sein wird, muß auch beachtet werden, daß er im Unterschied zu Buddha "intuitiv" und nicht reflexiv gelehrt hat. Anders gesagt: Jesus lehrte in Unmittelbarkeit, noch genauer: im Zustand der Gottunmittelbarkeit, bedingt durch seinen Glauben an Jahwe. Der Ernst des Gottesgedankens, von dem Jesus wie durchdrungen schien, hatte bei ihm zur Folge die vollkommene Radikalität, was sich besonders in seinem ethischen Verständnis zeigt. Die Ethik Jesu (vgl. Abschnitt 4.4) ist nicht neu, sondern jüdisch und radikal. Jesus verstand sie als Auslegung des zeitlos gültigen Willen Gottes. Sie stellt höchste Ansprüche an den Menschen (vgl. Abschnitt 4.4.4), weil die nachdrücklichen Aufforderungen Jesu nicht auf alle Fragen des Daseins eingehen und viele Lebensprobleme nicht berücksichtigen und die Menschen dadurch in die Pflicht genommen sind, sofern sie dieser Ethik folgen wollen, mit dieser Ethik "zu arbeiten", d.h. sie konkret werden zu lassen. Jesus war also kein Gesetzgeber, sondern er hat versucht, das jüdische Ethos ernst zu nehmen und grundsätzlich zu machen.[4] Jaspers faßt

---

[2] Vgl. Holtz 1981, 105 und Marti 1993, 47.
Den Zusammenhang von Anthropomorphismus und Monotheismus erläutert: Goldammer 1959, 1701ff.

[3] Theißen-Merz 1996, 122.

[4] Vgl. Niederwimmer 1968, 70; Rebell 1993, 96; Jaspers 1995, 192.204; Theißen-Merz 1996, 350f.354; Dibelius 1966, 86.

zusammen: "Das Ergebnis ist: Die Gesamtheit der Äußerungen Jesu hinterläßt eine Unklarheit für den, der eindeutig wissen will. Jesus hat sich nicht auf Formeln festgelegt. Während er wirkte, reflektierte er nicht abschließend über seine Person. Ein endgültiges Selbstbewußtsein braucht er gar nicht gehabt zu haben. Die Frage scheint aus dogmatischen Interessen falsch gestellt."[5] Flusser schließlich bewertet die Lehre des Jesus so: "Sie ist zutiefst sittlich und gleichzeitig jenseits von Gut und Böse."[6]

Angemerkt sei noch, daß die bei Übersetzungen in Klammern stehenden Wörter Begriffsvarianten der jeweiligen Übersetzung bezeichnen. Ein jeder möge für sich entscheiden, welche Übersetzung er jeweils für die plausibelste hält.

---

5 Jaspers 1995, 198.

6 Flusser 1995, 80.

1. Die synoptischen Evangelien als grundlegende Quellen

Die Quellen über Jesus lassen sich in drei Kategorien einteilen: 1. Hebräische, griechische und römische Texte, 2. apokryphe Evangelien und 3. die vier Evangelien des Neuen Testamentes.

Die hebräischen, griechischen und römischen Quellen berichten nur sehr wenig über Jesus, genauer gesagt: ihr inhaltlicher Ertrag über Leben und Lehre Jesu ist gering. In ihnen erfahren wir nur, daß Jesus offensichtlich in einer besonderen Weise gewirkt habe, daß er hingerichtet worden sei und über seinen Tod hinaus Jünger gefunden habe. Ihr Wert liegt darin, daß sie Leben, Wirken und Kreuzigung Jesu bestätigen. Erwähnt wird Jesus im Talmud (hebräische Quelle), bei Flavius Josephus, einem jüdischen Historiker (griechische Quelle) sowie bei Tacitus, Sueton und Plinius (römische Quellen).[1]

Bevor das älteste Evangelium (Mk: um 70 n. Chr.) verfaßt wurde, bestand bereits eine vierzigjährige mündliche Überlieferung, vor allem von Sprüchen und Reden Jesu. Man nimmt an, daß solche Sprüche und Reden Jesu in der sogenannten "Logienquelle" bereits schriftlich fixiert wurden, aus der dann u.a. die Autoren der Evangelien ihren "Erzählstoff" entnahmen. Funde einer solchen Logienquelle gibt es bisher nicht. Somit sind die ältesten Quellen, sofern sie existiert haben, im genauen Wortlaut unbekannt. Aber auch die mündliche Überlieferung ist keinesfalls zu unterschätzen. Die Gedächtnisleistungen der damaligen Menschen sollen von hoher Qualität gewesen sein, d.h. der überlieferte bzw. übernommene Wortlaut wurde streng festgehalten und weitergegeben.[2]

Die apokryphen Evangelien, also diejenigen "Jesusberichte", die wegen ihrer groben Mythisierung Jesu nicht in den Kanon des

---

1 Vgl. u.a. Hahn 1962, 20.
Ausführliche Darlegungen der hebräischen, griechischen und römischen Quellen finden sich u.a. bei: Klausner 1952, 13-78; Hahn 1962, 16-20; Rebell 1993, 32-35; Heiligenthal 1994, 29-37; Holtz 1981, 13-30.

2 Vgl. Holtz 1981, 20.22f; Hahn 1962, 33f; Theißen-Merz 1996, 70.

Neuen Testamentes aufgenommen wurden, bieten zum Teil eine Vielzahl von Parallelen zu den kanonischen vier Evangelien, sind aber jüngeren Datums und von ihrem Ertrag her, was das Leben und die Lehre Jesu betrifft, nicht ergiebig. Im Grunde erfahren wir kaum Neues. Das in ihnen Geschilderte finden wir bereits in den vier Evangelien des Neuen Testamentes. Jedoch können sie im Einzelfall herangezogen werden und damit die Interpretation bereichern. Es handelt sich dabei u.a. um das Thomas-, Petrus- und Phillipusevangelium.[3]

In den bisherigen Ausführungen wurde schon angedeutet, daß die vier Evangelien des Neuen Testamentes diejenigen Quellen sind, aus denen wir zuverlässige Kenntnisse über Leben und Lehre Jesu rekonstruieren können, weil sie ein bestimmtes Traditionsgut aufgenommen und schriftlich fixiert haben. Bei näherem Betrachten der Beschaffenheit der vier Evangelien fällt jedoch auf, daß das Johannesevangelium (entstanden gegen Ende des 1. Jh.) gegenüber den sogenannten synoptischen Evangelien (Mk, Mt, Lk: entstanden nach 70 n. Chr.) erheblich abweicht. Im Johannesevangelium finden wir überwiegend theologische Meditationen bzw. Reflexionen über Jesus, die sich in thematischen Redekompositionen, wie z.B. die wahre Anbetung Gottes, ausdrücken. Über die eigentliche Lehre Jesu erfahren wir so gut wie nichts. Sachlich geordnete Sammlungen von Worten Jesu, wie wir sie in den synoptischen Evangelien vorfinden, liegen im Joh nicht vor. Auch ist in diesem Jesus bereits überhöht im Sinne einer präexistenten Gottheit dargestellt (vgl. den Prolog des Joh). Aber trotz dieser starken Vergeistigung Jesu kann im Joh immer noch Jesus von Nazareth erkannt werden. Somit lassen sich aus diesem einzelne, wenn auch nur wenige Überlieferungen über Jesus entnehmen.[4] Aus diesen Feststellungen ergibt sich, daß in den synoptischen Evangelien also diejenige Überlieferung aufzufinden ist, die es uns ermöglicht,

---

3 Vgl. Hahn 1962, 20-25; Theißen-Merz 1996, 70; Rebell 1993, 35-45.

4 Vgl. Blank 1972, 84; Hahn 1962, 26f; Holtz 1981, 25; Rebell 1993, 51.

dem Leben und vor allem der Lehre Jesu näher zu kommen. Sie werden als eigentliche Quelle herangezogen, alle weiteren Quellen dienen zu ihrer Ergänzung bzw. zu ihrer Korrektur. Bei den synoptischen Evangelien handelt es sich um drei theologisch motivierte Berichte, in denen der jeweils vorliegende Stoff in einer von den Autoren sehr bestimmten Weise verarbeitet und interpretiert worden ist. Allgemein wird von den Forschern ein Abhängigkeitsverhältnis dieser drei Evangelien in der Weise angenommen, daß Mt und Lk Mk als ältestes Evangelium und die sogenannte, angenommene Logienquelle gekannt und verwertet haben, sowie jeweils Eigengut aufweisen. So ist auch das allgemeine Jesusbild, d.h. die Lebensgeschichte und die Lehre Jesu weitgehend übereinstimmend dargestellt.[5]

Die Briefe des Neuen Testamentes sowie die Apostelgeschichte enthalten, obwohl sie zum größten Teil vor den Evangelien entstanden sind, jeweils theologische Erörterungen. Aus ihnen läßt sich nichts über das Leben und die Lehre Jesu entnehmen. Lediglich in Apg 20,35; 1 Thess 4,15 sowie 1 Kor 7,10 findet man einige wenige Jesusworte.[6]

Wir werden also in den folgenden Darlegungen hinsichtlich des Lebens und der Lehre Jesu fast ausschließlich auf die synoptischen Evangelien zurückgreifen.

---

[5] Vgl. Hahn 1962, 29; Vermes 1993, 218.215; Klausner 1952, 19; Theißen-Merz 1996, 71.

[6] Vgl. Klausner 1952, 81 und Rebell 1993, 45f.

2. Das Leben Jesu

2.1 Die religiöse Umwelt Jesu im 1. Jh. n. Chr.

Wir befinden uns in Palästina in den Jahren 20-30 n. Chr. inmitten der jüdischen Welt, die unter römischer Herrschaft steht. Das Volk Israel, dessen Zentrum der Glaube an den Gott Jahwe bildet, hat sich seit dem babylonischen Exil (586-538 v. Chr.) zum Judentum (vgl. die Bücher Esra und Neh) weiterentwickelt, durch babylonische und persische Mythen beeinflußt, apokalyptische Vorstellungen (vgl. z.B. das Buch Dan, Entstehungszeit: 2. Jh. v. Chr.) und verschiedene religiöse Gruppen und Bewegungen (Schriftgelehrte, Pharisäer, Sadduzäer, Essener, Zeloten, Samariter) herausgebildet. Die Schriftgelehrten bestanden aus Vertretern verschiedener Gruppen und waren als Lehrer (Rabbi), d.h. als Kundige der Thora (die Bücher Gen, Ex, Lev, Num, Dtn) angesehen. Der Pharisäismus hat seine Wurzeln im Aufkommen des vom priesterlichen Tempelkultes unabhängigen synagogalen Gottesdienstes (Bestandteile: Schriftauslegung - Bekenntnis - Gebet), aus dem die Pharisäer u.a. eine strikte Befolgung der Thora, was sittliches, rechtliches und rituelles Verhalten betrifft, in allen Bereichen des täglichen Lebens entwickelten. Die Sadduzäer lassen sich zum erstenmal im zweiten Jh. v. Chr. ausmachen und bezeichneten die Angehörigen der Priesterkaste in Jerusalem. Von den Pharisäern unterschieden sie sich dadurch, daß sie als theologisch konservative Richtung zusätzliche, jüngere Überlieferungen, z.B. die damalige, neue Lehre von der Totenauferstehung, ablehnten. Die Essener, eine vom offiziellen Judentum abgesplitterte und sektenhaft abgeschlossene Bewegung, war durch eine straffe Gemeindeorganisation gekennzeichnet, die sich in rigoroser Gesetzlichkeit, apokalyptischen Hoffnungen und dem Anspruch, das wahre Gottesvolk zu sein, ausdrückte. Eine religiös-politische Bewegung waren die Zeloten, d.h. die Eiferer für das Gesetz (Thora). Sie führten blutige Kämpfe gegen die Römer sowie gegen Gesetzesbrecher und Kollaborateure im eigenen Volk, um die politisch-religiöse Theokratie im Sinne des Davidreiches wiederherzustellen. Die Samariter schließlich galten völkisch und religiös als häretische Gruppe, weil sie sich mit Heiden, also Nicht-Juden, vermischt hatten, nur den Pentateuch (die Thora) als heiliges Buch anerkannten und als einzige legitime Stätte der Gottesverehrung den Berg Garizim ansahen.[1]

2.2 Herkunft und Lebenserfahrungen Jesu

Jesus wurde wahrscheinlich zwischen den Jahren 6 und 4 v. Chr. in Nazareth geboren. Das genaue Geburtsdatum ist nicht mehr festzustellen. Als sehr wahrscheinlich gilt als Geburtsort Nazareth (vgl. Mk 1,9; 6,1). Sein Name ist die griechische Form (Ἰησοῦς) des hebräischen Namens Josua bzw. Jeschua. Seine Mutter hieß Maria (hebräisch: Mirjam) und sein Vater Joseph. Jesus war wahrscheinlich der Erstgeborene und hatte mindestens vier Brüder (Jakobus, Joses, Judas, Simon) und mindestens zwei Schwestern, deren Namen unbekannt sind. Sein Vater übte den Beruf des Zimmermanns oder Bauhandwerkers aus, den Jesus schon wegen der Tradition (der Sohn erlernte den Beruf des Vaters) auch erlernt haben dürfte.[2]

Abgesehen von den eben angeführten Daten wissen wir von Jesu Kindheit, Erziehung, Jugend, über sein Heranreifen als Mann nichts. Erst kurz vor dem Beginn seines öffentlichen Auftretens werden wir Jesus bei Johannes dem Täufer wiederbegegnen.[3] Das soll

---

1 Vgl. Bornkamm 1995, 25.30-40 und Theißen-Merz 1996, 208.210.212.

2 Vgl. Klausner 1952, 311.318f; Niederwimmer 1968, 27; Theißen-Merz 1996, 154; Conzelmann-Lindemann 1995, 438f.446; Holtz 1981, 53; Flusser 1995, 13; Rebell 1993, 57.

Daß Jesus "vor Christus" geboren ist, beruht auf dem Zeitrechenfehler des römischen Mönchs Dionysius Exiguus im 6. Jh.: Vgl. Conzelmann-Lindemann 1995, 438.

Jesus ist nicht in Bethlehem geboren: Vgl. dazu die Begründung bei Conzelmann-Lindemann 1995, 446.

3 Vgl. Gnilka 1993, 23 und Rebell 1993, 53.

uns aber nicht entmutigen. Aus der Lehre des Jesus und der Art und Weise seines späteren Auftretens lassen sich nämlich Schlüsse ziehen über diejenigen Lebenserfahrungen, die sein Leben in Kindheit, Jugend und Mannesalter geprägt haben müssen, wenn auch größtmögliche Skepsis und Sorgfalt geboten sind und auch nur Wahrscheinlichkeiten ausgesprochen werden können, die zum Teil jedoch recht plausibel erscheinen.

Jesus hat die weitaus längste Zeit seines Lebens in Nazareth verbracht. Nazareth, eine kleine galiläische Gebirgsstadt, die von einer prachtvollen Natur mit buntem Pflanzen- und Blumenreichtum umgeben war, wird als ruhiges, friedliches Städtchen beschrieben, dessen Bewohner ihre eigenen Felder bearbeiteten und die verschiedensten Handwerke ausübten. Jesus war also ein Landmensch und dürfte die Natur genossen und geliebt haben. Da sein Vater im Gegensatz zu seiner Mutter und seinen Geschwistern nur bei seiner Geburt erwähnt wird, ist anzunehmen, daß er früh starb, mit der Konsequenz, daß Jesus als Erstgeborener eine Zeit lang seine verwitwete Mutter und Geschwister mit seiner Hände Arbeit ernähren mußte. Auf jeden Fall ist er im jüdischen Glauben erzogen worden, wie seine spätere Lehrtätigkeit beweist. D.h. Jesus kannte zweifellos die Thora, die Prophetenbücher und die Psalmen und vielleicht auch noch weitere Bücher, z.B. das Buch Dan, und war vertraut mit dem Gottesdienst in der Synagoge - fast jede jüdische Stadt besaß damals eine Synagoge. Er scheint sich auch in die Berge zurückgezogen zu haben, um u.a. zu beten (vgl. Lk 6,12). Dabei dürfte er über sich, Gott, die Welt und die Menschen nachgedacht haben. Er scheint auch nicht geheiratet zu haben. Hinweise auf eine Ehefrau existieren jedenfalls nicht. Rein äußerlich betrachtet, ist das Leben Jesu also, abgesehen davon,

---

Zu beachten ist, daß die Geburts- und Kindheitsgeschichten in Mt 1f und Lk 1f durchweg Legenden sind: Vgl. Conzelmann-Lindemann 1995, 442-446.

daß er wohl unverheiratet war und sein Vater früh verstarb, ein Durchschnittsleben ohne dramatische Ereignisse gewesen.[4]

2.3 Jesus bei Johannes dem Täufer

Jesus war etwa dreißig Jahre alt, als er Mutter und Geschwister in Nazareth verließ, um Johannes den Täufer aufzusuchen, dessen anfängliche Wirksamkeit (um 28 n. Chr.) ihn wahrscheinlich sehr beeindruckt hat. Johannes war eine neue Erscheinung, denn er ließ sich unter keiner jüdischen Gruppe oder Bewegung der damaligen Zeit (vgl. Abschnitt 2.1) einordnen. Eher erinnerte er an die alten Propheten. In der Tat kann man ihn als Gerichtspropheten und Asketen bezeichnen. Kernpunkte der Verkündigung des Johannes waren das kommende, nahende Gottesreich als Zorngericht und die Aufforderung der Umkehr zu Gott. Nach Meinung des Johannes bedurfte diese Umkehr zu Gott einer radikalen Buße durch Wandel der Gesinnung und durch gute Taten. Das Ritual dieser Umkehr war dabei die Taufe, die in der Wüste im unteren Jordantal stattfand. Diese Praxis der Taufe führte dazu, daß man ihn "Johannes den Täufer" nannte. Anders gesagt, war Johannes ein Prophet und Asket, der die Juden anhielt, nach Vollkommenheit zu streben und sie aufforderte, Gerechtigkeit gegeneinander und Frömmigkeit gegen Gott zu üben. Die Lehre des Johannes wurde damals als die des Propheten Elija angesehen, denn im Buch Mal wird der letzte Prophet, der noch kommen soll, mit der Wiederkehr des Elija identifiziert. Feststeht, daß sich auch Jesus von Johannes taufen ließ. Die Taufe durch Johannes gilt als eine der sichersten bezeugten Daten in der Forschung. Umstritten ist jedoch die Frage, ob Jesus eine gewisse Zeit lang Jünger des Johannes gewesen ist oder nicht. In den Schriften des Neuen Testamentes erfahren wir nichts von einer Jüngerschaft Jesu bei Johannes und auch nicht, wie

---

4 Vgl. Klausner 1952, 314.319-322; Gnilka 1993, 75; Vermes 1993, 6f.36; Holtz 1981, 54; Laudert-Ruhm 1996, 44 sowie Rebell 1993, 54.

lange und intensiv er Verbindung mit ihm und seinem Jüngerkreis vor seiner Taufe hatte. Daß es tiefgehende Berührungspunkte zwischen beiden gegeben hat, steht wohl außer Zweifel. Auf keinen Fall war ihre Beziehung eine kurze und beiläufige oder flüchtige. Das ergibt sich schon aus dem späteren Redestil Jesu, der eindeutig prophetische Züge aufweist, und seiner Würdigung des Johannes (vgl. Mt 11,7-15). Nach seiner Taufe trennte sich Jesus von Johannes, wohl wegen ernsthafter Differenzen zwischen beiden, und ging seinen eigenen Weg. Johannes wurde kurze Zeit später von Herodes Antipas, wahrscheinlich aus politischen Gründen, hingerichtet.[5] Conzelmann-Lindemann fassen zusammen: "Jesus ließ sich von Johannes taufen (Mk 1,9), d.h. er war von der Predigt (des Johannes) überzeugt worden. Er selbst führte den Gedanken des nahen Gottesreiches weiter aus ..., aber er ging dann seinen eigenen Weg. Er blieb nicht in der Wüste, übte nicht Askese (Lk 7,34). Er erkannte zwar Johannes als den Zielpunkt der Prophetie an (Lk 16,16 ...), war aber offensichtlich davon überzeugt, daß man bei seiner Predigt nicht stehenbleiben könne."[6] Die Differenzen zwischen Jesus und Johannes waren also die unterschiedlichen Vorstellungen hinsichtlich des Gottesreiches und der Askese. Während Johannes asketisch lebte und die andringende Nähe des Gottesreiches verkündigte, dabei aber das unheimliche "Schon" der gegenwärtigen Weltenstunde und die Strafe für die Unbußfertigen betonte, verkündigte und betonte Jesus später das unmit-

---

5 Vgl. Rebell 1993, 57.63f.67; Gnilka 1993, 79f.85; Zahrnt 1989, 53; Klausner 1952, 327.332f; Holtz 1981, 56f; Bornkamm 1995, 41f.49; Conzelmann-Lindemann 1995, 449.

Hingewiesen sei darauf, daß die Erzählung über den Tod des Johannes (Mk 6,17-29) legendär ist: Vgl. Klausner 1952, 331 und Conzelmann-Lindemann 1995, 449.

6 Conzelmann-Lindemann 1983, 352f.

telbare Ergreifen des Gottesreiches, zeigte also eine positive Tendenz und Richtung auf und lehnte strenge Askese als nicht notwendig ab.[7]

2.4 Lehrtätigkeit

Kurz vor dem Tod Johannes des Täufers begann Jesus seine Lehrtätigkeit, indem er durch die Orte und Städte Palästinas - Palästina bestand im wesentlichen aus den drei Landteilen Judäa, Samaria und Galiläa - zog und das Gottesreich den Juden ankündigte. Er wanderte dabei überwiegend durch Galiläa und mied Samaria. Der Inhalt seiner Lehre ist später von den Autoren der Evangelien in Summarien, d.h. Redekompositionen (vgl. Kapitel 1), zusammengefaßt worden. Was Jesus im einzelnen gesagt und gelehrt hat, wissen wir nicht. Er muß eine magnetische Wirkung auf die Menschen gehabt haben, denn in den Evangelien hören wir von Volksmengen und einem engeren Jüngerkreis, die sich um Jesus scharten. Es lassen sich also zwei Gruppen von Hörern unterscheiden: die gelegentlichen Hörer und die eigentlichen Jünger bzw. Anhänger. Die ersteren kamen von Zeit zu Zeit, um seine Lehre zu vernehmen und auch, um sich heilen zu lassen. Die zweiten, insbesondere die Zwölf, verließen entweder Haus und Familie um seinetwillen und zogen mit ihm durch Palästina oder nahmen ihn von Zeit zu Zeit in ihre Häuser auf. Zu den letzteren zählten vor allem Frauen. Jesus rief also eine jüdische Laienbewegung hervor, die einen stark heterodoxen Einschlag aufwies, der durch seine Lehre bedingt war. Bei den Synoptikern werden sechs Dämonenaustreibungen beschrieben, die Jesus bewirkt haben soll, davon vier bei Mk. Dämonenbesessenheit würden wir heute als Geistes- und Nervenkrankheiten bezeichnen. Es wird berichtet, daß er sich auch mit Zöllnern (Steuereintreibern), Prostituierten und als "unrein" geltenden, also beargwöhnten, verachteten, an den Rand gestellten Menschen, vor allem bei gemeinsamen Mählern, umgab. Er erklärte den

---

7 Vgl. Bornkamm 1995, 42 und Klausner 1952, 336.

(einfachen) Menschen (Fischern, Bauern u.a.) seinen ethischen Imperativ vor allem in Form von Gleichnissen - Jesus sprach galiläisches Aramäisch, Hebräisch war u.a. die Gelehrtensprache -, anhand derer sie seine Ethik verstehen konnten. Seine Lehre verkündigte er überwiegend im Freien, in Privathäusern, wohl auch in Synagogen. Er führte Dispute mit Schriftgelehrten, Pharisäern und Sadduzäern, vielleicht auch mit Menschen anderer Gruppierungen (vgl. Abschnitt 2.1) oder mit deren Abgesandten. Dabei kam es zu Sympathien und Irritationen. Diese Irritationen dürften die Ursache für diejenigen Feindschaften gewesen sein, die schließlich zu seinem frühen Tod in Jerusalem führten. Die Feindschaften bestanden wohl darin, daß Jesus die Thora zwar akzeptierte, aber dennoch eigenständig interpretierte und deshalb, nach Meinung der jüdischen Aristokratie, das Volk in die Irre führte. Das genaue Todesdatum Jesu läßt sich nicht mehr bestimmen. Es liegt wohl zwischen den Jahren 26 und 30 n. Chr. Daraus ergibt sich, unter Berücksichtigung der bisherigen Daten, eine Dauer der Lehrtätigkeit Jesu von ein bis maximal drei Jahren.[8]

2.5 Der Tod Jesu

Jesus zog kurz vor seinem Tod nach Jerusalem. Die Gründe sind uns nicht bekannt. Aus den Passionsgeschichten der Evangelien lassen sich nur zwei Tatbestände als historisch zuverlässig erweisen: die Verurteilung und die Kreuzigung Jesu. Daß Jesus gekreuzigt wurde, weist auf den Grund seines Todes hin: Er wurde von den Römern als politischer Aufrührer hingerichtet. Die Römer wandten die ursprünglich aus Persien stammende Kreuzigung, der stets eine Geiße-

---

[8] Vgl. Conzelmann-Lindemann 1995, 438-441.452f; Rebell 1993, 75.159.165f; Niederwimmer 1968, 30; Vermes 1993, 8.13.40.42f; Klausner 1952, 348; Gnilka 1993, 24.87.181; Becker 1996, 32.34-36; Theißen-Merz 1996, 209-213.216.

lung vorausging, als Todesstrafe gegen Aufrührer, entlaufene Sklaven und andere Schwerverbrecher an. Das Hängen am Kreuz führte nach qualvollen Stunden zum Erstickungs- und Erschöpfungstod. Da aber Jesus nachweislich kein politischer Rebell war, wird er von der jüdischen Behörde, d.h. von der aristokratischen sadduzäischen Priesterschaft verhaftet, verhört und unter demVorwand eines Anführers einer politischen Revolte dem römischen Statthalter Pontius Pilatus - Pontius Pilatus war in den Jahren 26-36 n. Chr. Statthalter von Judäa - ausgeliefert worden sein, der ihn schließlich zum Kreuzestod verurteilte. Nach seinem Tod wurde Jesus schließlich in einem der umliegenden Felsengräber begraben.[9]

Zu beachten ist, daß jegliche Berichte über Naturwunder (z.B. Gang über den See) und "theologische Wunder" (z.B. Verklärung), die die Evangelien schildern, Legenden sind: Vgl. Conzelmann-Lindemann 1995, 452.

9 Vgl. Conzelmann-Lindemann 1995, 486.492; Rebell 1993, 171; Becker 1996, 432.437; Craveri 1970, 404; Klausner 1952, 484-486.493; Niederwimmer 1968, 74.76; Bornkamm 1995, 144f.

Die Art und Weise der Kreuzigung und den qualvollen Sterbevorgang am Kreuz beschreiben: Klausner 1952, 486; Becker 1996, 437f; Craveri 1970, 405f.

Jesu gewaltsamen *Tod* überliefert u.a. Josephus Flavius (vgl. Kapitel 1) im sogenannten "Testimonium Flavianum": Vgl. dazu die Analyse von Theißen-Merz 1996, 75f.91.

Die immer wieder angeführte Hypothese, Jesus habe die Kreuzigung überlebt, ist auf moderne Spekulationen seit der Aufklärung, aber insbesondere auf frühe Wurzeln in einem gnostischen Christentum im 2. Jh. n. Chr. zurückzuführen, das es dogmatisch für undenkbar hielt, daß ein Gottessohn wie ein Mensch an einem Kreuz leiden und sterben könne und deshalb u.a. die Evangelienerzählungen aufgrund seines dogmatisch entworfenen Konstruktes "korrigierte": Vgl. Heiligenthal 1994, 41-43.

Im übrigen wurden die Hinrichtungsorte von den römischen Legionären bewacht, und jede Annäherung war verboten. Sofern es fanatische Anhänger Jesu gegeben hat, dürften diese eher zur Flucht geneigt gewesen sein, als ihn etwa befreien zu wollen; denn der Verdacht auf Anhängerschaft hätte die Klage der Mittäterschaft mit darauffolgendem Todesurteil zur Folge gehabt: Vgl. Craveri 1970, 404.406 und Klausner 1952, 492.

Darauf hingewiesen sei, daß die Auferstehungsgeschichten in den Evangelien Legenden sind: Vgl. Bornkamm 1995, 159-162; Conzelmann-Lindemann 1995, 507f.

3. Die Persönlichkeit Jesu

Die Autoren der Evangelien berichten, daß den Worten Jesu gegenüber kaum jemand gleichgültig geblieben ist. Er lehrte in Weisheitsworten, prophetischen Warnungen und vor allem in Gleichnissen. Sein Lehrstil soll sich von dem der Schriftgelehrten unterschieden haben:[1] "Und sie erstaunten sehr über seine Lehre; denn er lehrte sie wie einer, der Vollmacht hat, und nicht wie die Schriftgelehrten."[2] Die Schriftgelehrten waren hauptsächlich damit befaßt, die jüdische Lehre stets mit der ihnen vorgegebenen Tradition in Einklang zu bringen. Jesus hingegen lehrte mit Vollmacht (ἐξουσία), d.h. mit besonderer Autorität und unmittelbarer Souveränität, er vertrat unkonventionelle Werte und Verhaltensweisen, war also Nonkonformist, erachtete es nicht für notwendig, eine formale Rechtfertigung für seine Worte zu geben, wie seine eigenständige Interpretation der Thora zeigt (vgl. Abschnitt 2.4). Die Ausstrahlung seiner Persönlichkeit muß mächtig, also kraftvoll und einflußreich, gewesen sein, so daß die Menschen, die ihm zuhörten, die große Triebkraft in seinem Leben verspürten und ihn für einen Mann Gottes hielten. Die Jünger, Sympathisanten und Außenstehende redeten ihn deshalb mit dem respektvollen Titel "Rabbi" oder "Rabbuni" (Lehrer oder Meister) an. Jesus war, wenn er lehrte, nicht interessiert an abstrakter Spekulation, an Analysen der göttlichen Natur und der göttlichen Mysterien, sondern er versuchte Gott in lebensnaher Sprache, in Verbindung mit der Wirklichkeit kundzutun. Er dachte ganz von Jahwe her, war fest verwurzelt im jüdischen Glauben an diesen Gott. Eine große Anzahl der von ihm überlieferten Weisheitssprüche lassen sich in Lehre und Weisheit des Judentums wiederfinden. Zudem war er ein Kämpfer,

---

1 Vgl. Vermes 1993, 16.234.

2 Mk 1,22.

der seinen Willen dem Willen der ganzen Welt entgegenstemmte. Kurzum: Jesus war jüdischer Charismatiker, Prophet und Lehrer.[3]

Jesus hat sich nicht auf Formeln festgelegt, die Gesamtheit seiner Äußerungen ist in keine feste Struktur eingebettet. Er scheint aus einer unmittelbaren Intuition gehandelt zu haben. Ein festgelegtes Selbstbewußtsein scheint er nicht gehabt zu haben, was auch aufgrund seiner Gottunmittelbarkeit nicht notwendig war. Jesus kam ohne Titel aus.[4]

Jesus offenbarte Klugheit, die sich u.a. in seiner Beantwortung von Fangfragen zeigte:[5] Auf die Frage, ob man dem Kaiser Steuern zahlen dürfe oder nicht, antwortete er: "Gebt dem Kaiser, was des Kaisers ist, und Gott, was Gottes ist."[6] Seine Reden zeigen die Weiten und Tiefen seiner Persönlichkeit.[7] Als Beispiel sei seine Rede über Johannes den Täufer angeführt: "Was seid ihr in die Wüste hinausgegangen anzuschauen? Ein Rohr, vom Wind hin und her bewegt? Oder was seid ihr hinausgegangen zu sehen? Einen Menschen, mit weichen Kleidern bekleidet? Siehe, die weiche Kleider tragen, sind in den Häusern der Könige. Oder was seid ihr hinausgegangen zu sehen? Einen Propheten? Ja, sage ich euch, und mehr als einen Propheten ... Wahrlich, ich sage euch, unter den Frauen Geborenen ist kein Größerer aufgestanden als Johannes der Täufer; der Kleinste aber im Reich der Himmel ist größer als er."[8] Flusser interpretiert: "Buber hat einmal

---

3 Vgl. Vermes 1993, 14.22.232.234-236; Bornkamm 1995, 54.85; Theißen-Merz 1996, 217; Zahrnt 1989, 55; Klausner 1952, 322.

Eine Gegenüberstellung einiger jüdischer Sprüche mit einigen Sprüchen von Jesus stellt dar: Bornkamm 1995, 86f.

4 Vgl. Jaspers 1995, 198 und Theißen-Merz 1996, 216.

Zu beachten ist, daß sich Jesus weder als Messias noch als Sohn Gottes noch als Menschensohn bezeichnet hat: Vgl. dazu die ausführliche Analyse und Begründung bei Conzelmann-Lindemann 1995, 479-485.

5 Vgl. Jaspers 1995, 196.

6 Mk 12,17.

7 Vgl. Jaspers 1995, 202.

8 Mt 11,7b-9.11.

gesagt: wenn man fähig ist zu lauschen, kann man aus den späten Berichten der Evangelien die Stimme Jesu heraushören. Diesen echten Klang meint man zu vernehmen, wenn man die Rede Jesu über den Täufer liest. Sie ist gleichzeitig einfach und abgründig, naiv und voll von Paradoxen, stürmisch und ruhig zugleich. Kann man zu ihrem letzten Sinn überhaupt gelangen?"[9]

In den Evangelien erscheint Jesus in einer eigentümlichen Doppelheit von Sanftmut und kämpferischer Unbedingtheit, als eine elementare Gewalt, die in ihrer Härte und Aggressivität nicht weniger deutlich ist als in ihren Zügen unendlicher Milde. Er erscheint durchleuchtet von der Gottheit, die ihm jeden Augenblick nahe ist. Er scheint ein Wissen um das allbegründende Einfache zu haben. Daraus läßt sich die Weltindifferenz Jesu erklären. Er war in der Welt, aber über die Welt hinaus. Die dann aus seiner Weltindifferenz resultierende Unbefangenheit führte zu seinem Anspruch und Aufruf an die Menschen, Gott in das Gottesreich zu folgen und alle anderen Aufgaben für nichtig zu erklären. Jesus verlangte also das Äußerste.[10] "Nirgends ist so revolutionär gesprochen worden, denn alles sonst Geltende ist als ein Gleichgültiges, nicht zu Achtendes gesetzt."[11]

Nirgendwo wird in den Evangelien berichtet, ob Jesus Humor gehabt hat oder nicht, woraus nicht zu folgern ist, er habe keinen gehabt. Ein Lächeln dürfen wir ihm wohl zusprechen. Das Schweigen dürfte er beherrscht haben. Wir hören in den Evangelien einige Male, daß er sich in einsame Gegenden zurückzog, um zu beten (vgl. z.B. Lk 5,16). Ob er das Schweigen als Erziehungsmittel während seiner Lehrtätigkeit angewandt hat, darüber wissen wir nichts. Schillebeeckx

---

Der Ausdruck "Reich der Himmel" ist ein typisch hebräischer. "Himmel" ist dabei eine Umschreibung für Gott, um nicht den Namen Gottes auszusprechen. Mt hat diesen Ausdruck, von wenigen Ausnahmen abgesehen, beibehalten: Vgl. Klausner 1952, 335; Flusser 1995, 81; Bornkamm 1995, 57.

9 Flusser 1995, 38.

10 Vgl. Jaspers 1995, 195.200f.204f.

11 Hegel, zit. nach Jaspers 1995, 205.

beschreibt sein Schweigen gegenüber der jüdischen Gerichtsbarkeit als ein Schweigen, das sich vor ungerechten Richtern nicht zu verantworten hat; wir wissen jedoch nicht, ob wirklich ein Prozeß gegen Jesus vor dem jüdischen Hohen Rat stattgefunden hat (vgl. Abschnitt 2.5). Selbst wenn dies nicht der Fall war, so erscheint doch über dem Verhör (vor Pontius Pilatus), der Verurteilung und dem Sterben Jesu der "Mantel des Schweigens", denn Jesus hat nach allem, was wir wissen, sein ungerechtes Todesurteil und seinen Tod gewaltlos und wahrscheinlich schweigend hingenommen, abgesehen von seinem letzten Todesschrei. Dies ist ohne eine besondere, letztlich für den "Weltmenschen" nicht zu fassende Gottesgewißheit nicht denkbar, die Jesus eigen gewesen sein muß.[12] Jaspers versucht den Sinn des Leidens und Sterbens Jesu zu erklären: "Diese Leidensfähigkeit und Leidenswahrhaftigkeit ist geschichtlich einzig. Das Schreckliche ist nicht gelassen hingenommen, nicht geduldig ertragen, nicht verschleiert. Auf der Wirklichkeit des Leidens wird bestanden, es wird ausgesprochen. Es wird erlitten bis zur Vernichtung, in welcher aus der Verlorenheit und Verlassenheit dieses Minimum des Bodens gespürt wird, das dann alles ist, die Gottheit. In der Stummheit, der Unsichtbarkeit, der Bildlosigkeit ist sie doch die einzige Wirklichkeit. Mit dem ganzen rückhaltlosen Realismus der unverdeckten Schrecken dieses Daseins ist verbunden der Halt an dem ganz Unfaßlichen."[13]

---

12 Vgl. Schillebeeckx 1992, 279f; Vermes 1993, 23; Conzelmann-Lindemann 1995, 491; Jaspers 1995, 204f.

Daß Jesus vor Pontius Pilatus zu den Anschuldigungen keine Stellungnahme abgegeben, also geschwiegen hat, gilt als historisch wahrscheinlich (vgl. Mk 15,1.3-5): Vgl. die Analyse bei Conzelmann-Lindemann 1995, 490f.

Der letzte, wortlose Todesschrei Jesu gilt als historisch zuverlässig (vgl. Mk 15,37), während der laute Ausruf des Psalmwortes (Ps 22,2a) legendär ist (vgl. Mk 15,34): Vgl. Conzelmann-Lindemann 1995, 491.

13 Jaspers 1995, 207.

4. Die Lehre des Jesus

4.1 Der Gott Jahwe

Jesus ist verwurzelt im jüdischen Gottesglauben. Das Zentrum seiner Lehre ist der Glaube an den Gott Jahwe. Wie dieser Jahwe-Glaube entstand, soll im folgenden in Kürze geschildert werden.

4.1.1 Die Entstehung des Jahwe-Glaubens

Die Gottheit Jahwe entstammt polytheistischen Ursprungs. Bei den mosaischen Ahnen findet sich zunächst keine Jahweverehrung, bis seine Verehrung in der vormosaischen Nomaden- und Stammesreligion in Partikularkulten neben anderen Gottheiten ohne historische Grundlage erscheint. Ursprünglich war Jahwe wohl ein Gott des Gewitters und vulkanischer Ausbrüche. Später erscheint er als ein geschichtlicher, mit seinem Volk Israel gehender Gott. Hier ist bereits der Keim seiner Universalität gelegt. Jahwe erscheint hier bereits als "vergeistigter Gott", er ist erhaben, überweltlich und mächtig, wird aber auch personhaft, als bewußt wirkender Wille vorgestellt. Der Name Jahwe findet sich zum erstenmal in Ex 3,14a. Dort heißt es: "Ich bin (da), (als) der ich bin (da)!" Anstatt des hebräischen Verbes "haja" (sein), kann man an dieser Stelle auch das Verb "hawa" (wehen, hauchen) zugrunde legen. Dann würde Ex 3,14a lauten: "Ich wehe (hauche), als der ich wehe (hauche [vgl. 1 Kön 19,11-13])!" Im Buch Jes wird Jahwe später als das Geistige im Gegensatz zum Fleisch, als das übernatürliche Lebensprinzip und als der Unbegreifliche vorgestellt.[1]

---

1 Vgl. Craveri 1970, 207f; Würthwein 1959, 1705-1707; Mensching 1978, 36.38.40; Wiener 1987a, 1236.

4.1.2 Das Wesen Jahwes

In den Büchern Jes und Jer hören wir von Jahwes Weltüberlegenheit und Heiligkeit. Hier ist der Glaube an Jahwe zu echtem Universalismus geführt worden. Der Gott des jüdischen Glaubens unterschied sich von den orientalischen und griechischen Gottheiten dadurch, daß kein Mythos, kein Bildnis und kein Kultus erkennbar war, um den Menschen die Möglichkeit zu eröffnen, an den natürlich-übernatürlichen Kräften der Gottheit Anteil zu geben, denn Jahwe wurde als der Welt und Natur radikal Überlegener vorgestellt. Jahwe ist mit der Zeit zum monotheistischen Gott geworden, d.h. er ist einig-einzig, das höchste Wesen, heilig und alliebend. Daraus ergaben sich weitere Attribute, die ihm zugesprochen wurden: Er ist der allwirksame, allmächtige, allgegenwärtige, allwissende, ungeschaffene, in allem Wechsel der Erscheinungen beharrende und unveränderliche, erhabene, gerechte, milde und liebende Gott. Aus dieser "Wesenheit Jahwes" folgte das rechte Verhalten des Menschen ihm gegenüber. Der Mensch darf ihm nur in tiefster, ehrfurchtsvoller Scheu, mit ungeteiltem, unentweihtem Herzen nahen, er soll ihn moralisch, nicht kultisch verehren, wie es in Lev 19,2 heißt: "Heilig sollt ihr werden, denn heilig bin ich ... euer Gott." Der Zorn und die Eifersucht Jahwes, denen wir im Alten Testament immer wieder begegnen, sind Analogiebegriffe aus der menschlichen Gemütssphäre und bezeichnen das Tremendum in der Gottheit. Solche Züge Jahwes dürfen jedoch nicht überbetont und verselbständigt werden. Sie bezeichnen lediglich den Ausfluß der Ganz-Andersartigkeit, der Irrationalität Jahwes. Denn Jahwe ist das schlechthin Andere, das geglaubt, aber nicht geschaut werden kann. Er ist der Eine, Bildlose, Gestaltlose, jenseits des Seins in schlechthin unableitbarer Besonderheit und Personhaftigkeit, die auf einen Punkt gerichtete und die dadurch auf das höchste gesteigerte Konzentration und Intensität des Bewußtseins. Mit dem Aufkommen apokalyptischer Vorstellungen (vgl. das Buch Dan) wurde Jahwe schließlich auch zum erhabenen, jenseitigen Richter.[2]

4.2 Das Gebet

Der Gott Jesu ist nicht ein neuer Gott, sondern eben dieser Gott Jahwe. Das zeigt sich ganz deutlich in seinen Gesprächen mit Gegnern und Suchenden, die uns in den Evangelien berichtet werden. Jedoch zeigte Jesus eine Neuerung in der Anrede dieses Gottes. Er nannte ihn "Vater". Daß Jesus es wagte, Jahwe als "Vater" (nicht: "mein Vater" im Sinne eines Exklusivverhältnisses) zu benennen, ist in dieser Häufigkeit, in der es Jesus tat, neu, wenngleich die Gebetsanrede Jahwes als Vater im Alten Testament und Judentum bezeugt ist, aber nicht häufig vorkommt. Wenn Jesus zu mehreren Menschen sprach, verwendete er die Redewendung "euer Vater". Jahwe erscheint hier als Vater der Menschen. Diese Redewendung ist z.B. authentisch belegt in Mt 5,45 und 48. Es läßt sich daher vermuten, daß Jesus in seinem persönlichen Gebet sich zu Gott als Vater gewandt hat. Craveri meint, daß die Kennzeichnung Jahwes als "Vater" der Ausfluß eines unbewußten, tief eingewurzelten Atavismus sei.[3]

Wenn im folgenden vom Beten die Rede ist, so ist damit gemeint, daß der Mensch eine Verbindung mit Gott knüpfen, sich in einer klaren Entscheidung auf Gott hin ausrichten will.[4]

Kommen wir zunächst zu Jesu eigenem Gebetsverhalten. In den Evangelien finden wir einige Stellen, die uns darüber Auskunft

---

[2] Vgl. Würthwein 1959, 1707.1710.1712; Bornkamm 1995, 30; Max 1987, 1218-1220; Mensching 1978, 40f; Jaspers 1995, 203 sowie Levinas, zit. nach Marti 1993, 48.

[3] Vgl. Fascher 1959, 1715; Gnilka 1993, 205.265; Conzelmann-Lindemann 1995, 463; Craveri 1970, 206.
Vermes meint, die Vorstellung von Gott als Vater sei zur Zeit Jesu weit verbreitet gewesen, ohne jedoch eine plausible Begründung dafür anzugeben: Vgl. Vermes 1993, 236.

[4] Vgl. Fascher 1959, 1716.

geben. Da erfahren wir, daß Jesus früh am Tag bzw. frühmorgens aufstand, zu einem unbeobachteten bzw. verlassenen (ἐρῆμος) Ort ging und daselbst betete (vgl. Mk 1,35). Lk berichtet davon, daß sich Jesus entweder in einsame Gegenden zurückzog oder einen Berg hinaufstieg, um zu beten (vgl. Lk 5,16; 9,28). In Lk 6,12 wird sogar geschildert, daß Jesus auf einem Berg die Nacht im Gebet zu Gott (διανυκτερεύω) zubrachte. In diesen Stellen erfahren wir etwas über die äußeren Umstände der Gebete Jesu, nämlich, daß er allein und an einsamen, unbeobachteten Orten betete, jedoch nichts über die Inhalte seiner Gebete. Hier können nur Vermutungen geäußert werden, etwa, daß er persönlich mit Gott "gesprochen" oder auch Psalmen oder schweigend gebetet habe. Auf jeden Fall ist das persönliche Gebet der tragende Grund, die Kraftquelle seines Lebens. So forderte er auch seine JüngerInnen auf, stets zu beten und darin nicht nachzulassen, um eine Beharrlichkeit des Gebetes zu üben (vgl. Lk 18,1). Diese Aufforderung zum persönlichen Gebet konnte nur in dem Vorbild seiner eigenen Gebetspraxis legitimiert sein.[5]

Es gibt in den Evangelien einige Stellen, in denen Jesus die Menschen, insbesondere seine JüngerInnen (in Lk 11,1 nach Aufforderung eines Jüngers) die richtige Art und Weise des Betens lehrte. Da hören wir: "Wenn du aber betest, so geh in deine Kammer, und nachdem du deine Tür geschlossen hast, bete zu deinem Vater, der im Verborgenen (Verschwiegenen) ist! ... Wenn ihr aber betet, sollt ihr nicht plappern (schwatzen) wie die von den Nationen (Heiden); denn sie meinen, daß sie um ihres vielen Redens willen erhört werden. Seid ihnen nun nicht gleich! Denn euer Vater weiß, was ihr bedürft (Mangel leidet), ehe ihr ihn bittet. Betet ihr nun so: Vater unser, der in den Himmeln, geheiligt (geweiht) werde dein Name, es komme dein Reich (heran [vgl. Abschnitt 4.3]), es geschehe (werde) dein Wille (Wollen [vgl. Abschnitt 4.4]), wie im Himmel auch auf Erden, unser Brot (Speise), das zum Dasein nötige (für den heutigen Tag) gib uns

---

5 Vgl. Schnackenburg 1993, 240f.

an diesem Tage (heute), und erlasse (vernachlässige) uns unsere Schuld (Schuldigkeit, Pflicht), wie auch wir erlassen (vernachlässigt) haben unseren Schuldnern (Verpflichteten), und bringe (führe) uns nicht in Erprobung (Prüfung mit unsicherem Ausgang) hinein, sondern bewahre (befreie) uns von dem Übel (dem Not Machenden, dem Mühseligen, dem Schädlichen)."[6] Diese Gebetsanweisung bedarf kaum einer Interpretation. Die wesentlichen Punkte sind klar erkennbar: Betont werden die Einsamkeit des Beters; "Vater unser im Himmel" ist ein echter jüdischer Ausdruck; Gottes Name bezeichnet Gottes Wesen (vgl. Abschnitt 4.1.2 und z.B. Ps 113,1-4); wenn man Gott verehrt, möchte man auch in sein Reich gelangen; Gottes Wille meint dasjenige, was hinter der Thora und diese hindurch erkennbar ist; die Brotbitte meint die täglichen Bedürfnisse; die Schuld bezeichnet die Fehlerhaftigkeit des Menschen, der nur dann, wenn er auch andere Menschen von ihren Fehlern freigesprochen hat, auch von Gott die Freisprechung seiner eigenen Fehler erhält; die vorletzte Bitte meint das Vermeiden von Überforderung und die letzte Bitte schließlich das Bewahren vor eigenen Schädigungen oder Verletzungen (überwiegend psychischer Art), die ja in etwaigen Übeln ihre Ursachen haben.[7]

Jesus betonte, daß das Beten zuversichtlich sein solle: "Bittet (fordert), und es wird euch gegeben werden; sucht, und ihr werdet finden; klopft an (übertragen: prüft, untersucht), und es wird euch aufgetan (übertragen: offenbart, enthüllt) werden."[8] Der Wille des Menschen will hier nicht den Willen Gottes überwinden, sondern finden.[9] Den Willen Gottes zu finden, bedeutet aber im Verständnis Jesu Heil, das darin besteht, von "Gottes Wirklichkeit" durchdrungen zu sein.

---

6 Mt 6,6a.7-13. Vgl. auch die Parallelstelle: Lk 11,1-4.

7 Vgl. Klausner 1952, 537 und Gnilka 1993, 144.217.
Es ist zu beachten, daß Jesus keine Theorie über die Entstehung von Schuld gegeben hat. Die Schuld bzw. das Entstehen von Schuld hat er als Tatsache vorausgesetzt: Vgl. Conzelmann-Lindemann 1995, 462.

8 Mt 7,7.

9 Vgl. Gnilka 1993, 240.

Das Gebet kann aber nur "Erfolg haben", wenn der Hochmut bzw. der Stolz des Beters gänzlich ausgeschaltet ist. Dies zeigt das Gleichnis vom Zöllner und Pharisäer (vgl. Lk 18,9-14). Der Pharisäer wird in diesem Gleichnis als derjenige dargestellt, der zwar nach außen hin fromm wirkt, aber in seinem Innern voller Selbstgerechtigkeit, also stolz ist. Der Zöllner hingegen, obwohl er ein Schuft ist, findet Erhörung bei Gott, weil er radikal über sich selbst nachgedacht hat und dies unverhohlen vor Gott bekennt. Deshalb ist der Zöllner der Gerechte, der Pharisäer hingegen der Ungerechte.[10]

Wenn also Jesus vom Gebet sprach, meinte er die persönliche Beziehung des Menschen zu Gott. Weniger die Inhalte sind entscheidend, als vielmehr das beharrliche Einüben des Gebetes. Jesus ist davon überzeugt, daß derjenige, der betet, Unmögliches möglich machen kann. Im Bittgebet ist weniger die Bitte als solche entscheidend als vielmehr das Wissen um die Notwendigkeit des bedingungslosen In-Beziehung-Kommens mit Gott. Somit wird das Gebet auch nicht als Leistung des Menschen, sondern als ihn existentiell betreffend vorgestellt.[11] Craveri versucht, den "Gebetsprozeß" psychologisch darzustellen: "Beim individuellen Gebet kann auch ein wichtiges psychologisches Moment eine Rolle spielen: Das Vertrauen auf ein unausbleibliches göttliches Eingreifen verwandelt sich in Optimismus und Energie, die den Gläubigen helfen, Schwierigkeiten zu überwinden. Und noch mehr: Die Absonderung des Betenden, der eine auswendig gelernte Formel mechanisch wiederholt, kann die Gedankenkonzentration und das Auftreten eines natürlichen 'magnetischen Fluidums' fördern."[12]

---

10 Vgl. Craveri 1970, 205f; Holtz 1981, 95; Rebell 1993, 133.

11 Vgl. Dibelius 1966, 99; Schnackenburg 1993, 242; Weinel 1912, VIII; Conzelmann-Lindemann 1995, 462f; Bultmann 1951, 153.

12 Craveri 1970, 204.

4.3 Das Gottesreich

4.3.1 Begriff

Wie Johannes der Täufer, so sprach auch Jesus vom Gottesreich (vgl. Abschnitt 2.3). Es ist Zentrum seiner Lehre. Bei den Synoptikern finden wir den griechischen Begriff "βασιλεία τοῦ θεοῦ", was übersetzt lauten kann: Königreich, Königtum, königliche Gewalt, Macht oder Reich (des) Gottes. Dieser Begriff hat von der Sache her seine Voraussetzungen im antiken Judentum. Er war in Israel zur Zeit Jesu weit verbreitet und den Menschen ohne viele Erklärungen verständlich. Im jüdischen Denken bezeichnete dieser Begriff sowohl gegenwärtiges ethisches Leben als auch apokalyptisch verheißene Zukunft. Die Wurzeln der Rede vom Gottesreich stammen aus der alttestamentlichen Idee vom Königtum Gottes (vgl. z.B. Ex 15,18; 1 Sam 12,12; Ps 10,16). Als zukünftiges Reich bedeutete es zunächst, ähnlich wie bei allen Eschatologien der anderen Religionen, ein auf der Erde zu erfüllendes Reich, in dem die sittlichen Forderungen Gottes erfüllt sind und Gott von allen Menschen im rechten Geist verehrt wird. Erst nach Vollendung dieses irdischen Reiches bricht die zukünftige Welt an, die jenseits des Todes liegt, in der dann die gerechten Menschen wohnen und sich am Glanze der Gottheit erfreuen. Auch für Jesus bedeutete das Gottesreich den zukünftigen Sieg Jahwes, die Überwindung der bösen Mächte und das Ende der Welt. Das Königtum bzw. das Reich Gottes ist also verbunden mit der Souveränität Jahwes. Es fällt jedoch auf, daß Jesu Darstellung des Gottesreiches kaum ausgesprochene königliche Züge, also keine Königsmetaphorik enthält. Er sprach nirgendwo von Gott als König, sondern von ihm als Vater (vgl. Abschnitt 4.2). Noch eine Besonderheit findet sich bei ihm: Er erneuerte und bestätigte mit seiner Vorstellung vom Gottesreich mit keinem Wort die nationalen Hoffnungen des jüdischen Volkes, dem er ja angehörte. Unsere Analyse ergibt, daß der von den Synoptikern verwendete Begriff "βασιλεία τοῦ θεοῦ" am angemessensten mit "Reich (des) Gottes" oder "Gottesreich" zu übersetzen ist, weil er den Begriff der Macht impliziert und zugleich auch den räumlich vorgestellten Bereich, jedoch nicht im Sinne eines umgrenzten Landes, berücksichtigt. Die bei Mt verwendete Redewendung "Reich der Himmel" ist idiomatisch (vgl. Anm. 8, Kapitel 3) und ist identisch mit dem Begriff "Reich Gottes". Der Plural "Himmel" ist jüdisch-semitischer Herkunft und erklärt sich dadurch, daß im Hebräischen und Aramäischen das Wort "Himmel" stets im Plural verwendet wurde. Mt hat den Plural des Hebräischen im Griechischen beibehalten (βασιλεία τῶν οὐρανῶν). Jesus selbst dürfte die Redewendung "Reich Gottes" verwendet haben, ohne jedoch den Gottesnamen Jahwe auszusprechen.[13]

---

[13] Vgl. Galling-Conzelmann 1961, 912; Klausner 1952, 553.555f; Crossan 1994, 383; Rebell 1993, 111; Craveri 1970, 339; Wiener 1987b, 1241; Max 1987, 1220; Bornkamm 1995, 58f.177; Vermes 1993, 237.241.246.248; Conzelmann-Lindemann 1995, 465; Holtz 1981, 63f.

Im Johannesevangelium findet sich der Begriff "βασιλεία τοῦ θεοῦ" nur zweimal, und zwar in Joh 3,3 und Joh 3,5: Vgl. Galling-Conzelmann 1961, 917.

Zu den verschiedenen Gottesnamen: Vgl. Wiener 1987a, 1235ff.

Die jüdisch-apokalyptische Vorstellung vom Messias, dem messianischen Zeitalter und dem darauffolgenden Gottesreich beschreibt: Klausner 1952, 554-556.

Es ist zu beachten, daß Jesus wohl nicht von einem zukünftigen Messias bzw. Menschensohn (vgl. Dan 7,13f), sondern allein, d.h. ausschließlich vom nahenden Gottesreich gesprochen und es erwartet hat: Vgl. Conzelmann-Lindemann 1995, 467.484. Er war des weiteren wohl wie Johannes der Täufer davon überzeugt, daß das Kommen des Gottesreiches unmittelbar, d.h. noch zu seinen Lebzeiten, bevorstünde. In diesem Punkt hat er sich natürlich geirrt: Vgl. Vermes 1993, 243 und Rebell 1993, 117.

Crossan weist darauf hin, daß das Gottesreich zur Zeit Jesu auch weisheitlich gedeutet werden konnte: Vgl. Crossan 1994, 383-388. Crossan führt als Beleg u.a. eine Stelle aus dem Buch der Weisheit, der jüngsten Schrift des Alten Testamentes, an. Das Buch der Weisheit ist im 1. Jh. v. Chr. in Alexandrien entstanden und von einem hellenistisch gebildeten, aber gesetzestreuen Juden in griechischer Sprache verfaßt worden. Die Stelle lautet: "Denn ihr (der Weisheit) Anfang ist ganz aufrichtiges Verlangen nach Bildung, ernstes Nachdenken über Bildung aber ist Liebe. Liebe aber ist Halten ihrer Gebote, Beobachtung der Gebote aber ist Sicherung der Unsterblichkeit (Unvergäng-

Jesus hat den Begriff des Gottesreiches nicht näher erläutert, d.h. seinen Inhalt nicht theoretisch expliziert oder realistisch-bildhaft veranschaulicht. Das Wesen, die Eigentlichkeit des Gottesreiches hat er nicht beschrieben. Lediglich an drei Stellen erfahren wir etwas über die Beschaffenheit der Menschen, die in das Gottesreich eingegangen sind: Sie sind wie Engel, d.h. Engeln gleich in den Himmeln und Söhne Gottes (vgl. Lk 20,36b; Mk 12,25b; Mt 22,30b). Hieraus wird deutlich, daß Jesus das Gottereich supranatural verstand. Er trennte radikal Weltsein und Gottesreich. Das Weltsein vergeht, das Gottesreich wird kommen und bleiben. Es ist also ein künftiges und jenseitiges Reich, das den Tod nicht mehr kennt. Alles Fragen hat dort ein Ende. Der Begriff des Gottesreiches ist also eine Metapher für den Zustand des Heiles bzw. für das Heilsbefinden. Jesus verwendete den Begriff des Gottesreiches geradezu synonym mit dem Begriff "Gott", denn im Heilszustand befindet sich der Mensch ja "bei Gott", d.h. "in seinem Machtbereich", also "in seinem Reich".[14]

4.3.2 Die "Heilserfahrung"

Für Jesus ist das Gottesreich gegenwärtig und zukünftig. Es wird erst kommen, und es ist schon da. Diese merkwürdige Doppelheit wird anhand der beiden Gleichnisse vom Senfkorn und Sauerteig

---

lichkeit). Unsterblichkeit (Unvergänglichkeit) aber bewirkt Sein in Gottesnähe. So führt Verlangen nach Weisheit empor zur Herrschaft.": Weish 6,17-20.

14 Vgl. Gnilka 1993, 142; Klausner 1952, 554; Rebell 1993, 113f.129; Conzelmann 1959, 641; Jaspers 1995, 194; Heiligenthal 1994, 63; Dibelius 1966, 53; Theißen-Merz 1996, 251f; Crossan 1994, 358; Bornkamm 1995, 177; Holtz 1981, 65; Weder 1993, 42.

Die Bezeichnung des Gottesreiches als Mythos (vgl. Niederwimmer 1968, 37.49) oder als Symbol (vgl. Zahrnt 1989, 93) sind unzutreffend: Vgl. die Begründung bei Theißen-Merz 1996, 251f.

Flusser bezeichnet Jesu Vorstellung vom Gottesreich als Idee (vgl. Flusser 1995, 64). Hier drängen sich aber "platonische Assoziationen" auf, die nicht angemessen sind.

deutlich.[15] "Und er sprach: Wie sollen wir das Reich Gottes vergleichen? ... Wie ein Senfkorn, das, wenn es auf die Erde gesät wird, kleiner ist als alle Arten von Samen, die auf der Erde sind; und wenn es gesät ist, geht es auf und wird größer als alle Kräuter, und es treibt große Zweige, so daß unter seinem Schatten die Vögel des Himmels nisten können."[16] Oder: "... Das Reich der Himmel gleicht einem Sauerteig, den eine Frau nahm und unter drei Maß Mehl mengte, bis es ganz durchsäuert war."[17] In der Gegenwart gleicht das Gottesreich dem Senfkorn bzw. dem Sauerteig. In der Zukunft wird es kräftig wie die Senfstaude bzw. wie das durchsäuerte Mehl sein. Anders gesagt: Aus Kleinem wird Großes, aus kleinen Ursachen folgen große Wirkungen, beim Senfkorn durch Wachstum, beim Sauerteig durch menschliche Arbeit bzw. Anstrengung. Der Mensch soll also das "Kleine" bzw. das "Geringe" ernst nehmen. Wer von der Nähe des Gottesreiches hört, soll seine Nähe als die Bestimmung der Gegenwart begreifen. Im Kleinen und Geringen liegt also bereits das Heil. Das Größte ist im Unscheinbarsten schon verborgen.[18]

Wenn das Gottesreich nicht nur zukünftig, sondern auch gegenwärtig ist, muß es erfahrbar, also eine Erfahrungswirklichkeit sein. Dies zeigt sich z.B. an Jesu Dämonenaustreibungen (vgl. Mt 12,28 und Abschnitt 2.4). Diese sind Zeichen des Gottesreiches, weil sie Menschen heilen.[19] Bei Lk findet sich die Stelle: "Und als er von den Pharisäern gefragt wurde: Wann kommt das Reich Gottes? antwortete er ihnen und sprach: Das Reich Gottes kommt nicht so, daß man es beobachten könnte; auch wird man nicht sagen: Siehe hier! Oder: Siehe dort! Denn siehe, das Reich Gottes ist inmitten (ἐντός) von

---

15 Vgl. Theißen-Merz 1996, 250 und Jaspers 1995, 187.

16 Mk 4,30a.31f.

17 Mt 13,33b.

18 Vgl. Holtz 1981, 73; Dibelius 1966, 55; Crossan 1994, 371; Conzelmann 1959, 644; Bornkamm 1995, 64.

19 Vgl. Schillebeeckx 1992, 126 und Conzelmann 1959, 642.

euch."[20] Im apokryphen Thomasevangelium (vgl. Kapitel 1) heißt es: "Seine Jünger sprachen zu ihm: An welchem Tage kommt das Königreich? (Er sprach:) Es kommt nicht, wenn man es erwartet. Sie werden nicht sagen: Siehe (jetzt ist es) hier, oder: Siehe (jetzt ist es) dort. Sondern das Königreich des Vaters ist über die Erde ausgebreitet und die Menschen sehen es nicht."[21] Das Gottesreich ist für Jesus also eine in Wahrheit schon beginnende Wirklichkeit, indem es im Erfahrungsbereich des Menschen gegenwärtig wird. Es verwirklicht sich in jedem einzelnen Menschen, sobald er den Willen entwickelt hat, nach dem Gesetz Gottes zu leben.[22] Bei Mk und Mt finden wir für diese "Willensentwicklung" den umschreibenden Begriff der Sinnesänderung.

4.3.3 Der Sinneswandel

Jesus kam nach Galiläa "... und sprach: Die Zeit (Zeiten, Zeitumstände) ist (sind) erfüllt (angefüllt) und das Reich (des) Gottes hat sich genähert: Ändert euren Sinn ..."[23]

Die Aufforderung Jesu, seinen Sinn zu ändern, finden wir bereits bei den Propheten des Alten Testamentes. Der Aufruf zum Sinneswandel ist ein Begriff, den die Propheten einst verwendeten, um die von Jahwe abgefallenen Menschen des Volkes Israel an die Hinwendung zu Jahwe und die Rückkehr in das Bundesverhältnis zu erinnern. Jesus griff hier also prophetische Rückkehrforderung auf. Diese Rückkkehrforderung ist ein Sammelbegriff, den Mk wie auch

---

20 Lk 17,20f.

Die Übersetzung der Präposition "ἐντός" + Gen ist örtlich zu verstehen im Sinn von: eure Umgebung, euer Bereich: Vgl. Weder 1993, 39f.

Vgl. die Bedeutungen von "ἐντός" + Gen: vom Ort: innerhalb: im Bereiche von, inmitten, diesseits, zwischen; von der Zeit: binnen.

21 Thomasevangelium 113, zit. nach Crossan 1994, 378.

22 Vgl. Klausner 1952, 560; Laudert-Ruhm 1996, 67; Weder 1993, 40; Craveri 1970, 343.

23 Mk 1,15; vgl. auch Mt 4,17.

Mt Jesus in den Mund gelegt haben, um die Lehre Jesu abstrakt zusammenzufassen, um klarzustellen, was Jesus, nach Meinung der Evangelisten, vom Menschen wollte. Diese abstrakte Zusammenfassung der Lehre Jesu von Mk und Mt scheint in der Tat gelungen zu sein. Wenn wir uns den griechischen Begriff "μετανοέω" anschauen, wird dies sofort einsichtig. Das Verb "μετανοέω" kann bedeuten: seinen Sinn ändern; bereuen, Buße tun; hinterher bedenken. Der letzten Bedeutung von "μετα-νοέω" sollten wir besondere Beachtung schenken. Diese Bedeutung ergibt sich aus der Zweiteilung des Verbes μετά (= hinterher, darauf, da-, hernach) und νοέω (= wahrnehmen, bemerken; erkennen, einsehen, verstehen, denken, bedenken, überlegen, erwägen). Eine Sinnesänderung kann also nur durch Nachdenken oder Überlegen erreicht werden. In der Aufforderung Jesu zum Sinneswandel wird also der sich selbst anstrengende Mensch in den Mittelpunkt gerückt. Er wird angehalten, seine Einstellung, seine Ansicht, sein Bewußtsein zu überprüfen. Er soll seinen "sechsten Sinn" benutzen. Tut er dies, dann wird er erkennen, daß es notwendig für ihn ist, sich Gott zuzuwenden, sofern er ihn und sein Gesetz in seinem Leben vernachlässigt hat. Dem Menschen soll vor Augen geführt werden, daß sein jetziges Handeln seine zukünftige Wirklichkeit bzw. Befindlichkeit bestimmen wird. Will er also eine gute zukünftige Befindlichkeit erleben, ist es notwendig, sofort, d.h. bedingungslos und zielgerichtet, sein Leben auf Gott hin auszurichten, sofern dies noch nicht der Fall ist. Es geht darum, mit der Sinnesänderung, auf welche Weise auch immer, anzufangen. Damit setzt nämlich ein Lernprozeß ein, der zwar noch unabgeschlossen ist, aber das Ziel ständig im Auge behält, nämlich: in das Gottesreich einzugehen. Anders gesagt: Der Mensch soll alles daran setzen, das gegenwärtige, schon erfahrbare Heil zu ergreifen. Der Wert des Gottesreiches soll erkannt werden.[24] Jesus verdeutlichte dies anhand zweier

---

[24] Vgl. Blank 1972, 107.111; Holtz 1981, 64.69.97f.105; Leroy 1978, 79; Rebell 1993, 134f; Heiligenthal 1994, 57; Gnilka 1993, 161; Bornkamm 1995,

Gleichnisse: "Das Reich der Himmel gleicht *einem* im Acker verborgenen Schatz, den ein Mensch fand und verbarg; und vor Freude darüber geht er hin und verkauft alles, was er hat, und kauft jenen Acker. Wiederum gleicht das Reich der Himmel einem Kaufmann, der schöne Perlen suchte; als er aber *eine* sehr kostbare Perle gefunden hatte, ging er hin und verkaufte alles, was er hatte, und kaufte sie."[25] Wir sehen: Der Begriff des Sinneswandels gibt angemessen Jesu Anliegen wieder. Der Mensch erfährt bereits gegenwärtig das Heil, wenn er sich tatsächlich auf die Bewegung des "Hinterherbedenkens bzw. -überlegens" einläßt, d.h. sich in einen aktiven, selbstkritischen Lernprozeß begibt und dabei nicht über die Realität Gottes räsoniert, d.h. sie nicht in Frage stellt.[26]

Es gibt für Jesus auch bereits schon Menschen, die unmittelbar vor dem Eingehen in das Gottesreich stehen, die also bereits den Sinneswandel, wenn auch unbewußt, vollzogen haben und sich daher in derjenigen Grundstimmung befinden, die dem Gottesreich angemessen ist. Es sind diejenigen Menschen, die am Sinn des Weltlaufes zweifeln oder verzweifeln, für die es eine Frage ihres Lebens geworden ist, warum diese Welt so wenig Gott und seinem Gesetz entspricht. Es sind die armen Menschen, die vor Gott klein werden können (vgl. den betenden Zöllner im Abschnitt 4.2). Sie sind fähig, den Trost und Frieden des Gottesreiches zu empfangen:[27] Selig (glücklich) die Armen, denn ihrer ist das Reich Gottes. Selig (glücklich) die Hungernden, denn sie werden gesättigt werden. Selig (glücklich) die Weinenden und Trauernden, denn sie werden lachen und getröstet werden.[28]

73f; Craveri 1970, 196f; Conzelmann-Lindemann 1995, 453.

25 Mt 13,44-46.

26 Vgl. Vermes 1993, 245 und Rebell 1993, 138.

27 Vgl. Dibelius 1966, 85f und Bornkamm 1995, 75.

28 Vgl. Mt 5,3f.6 = Lk 6,20b.21.

Diese drei Seligpreisungen gehen, nach Meinung der meisten Forscher, auf Jesus selbst zurück. Man kann die zweite und dritte Seligpreisung auch

4.4.1 Die rechte Beschaffenheit des Menschen

Jesus hatte eine genaue Vorstellung davon, wie beschaffen der Mensch sein muß, um in das Gottesreich einzugehen: "Und sie brachten Kindlein (Kleinkinder, Kinder [παιδίον]) zu ihm heran, damit er sie anrührte. Die Jünger aber schalten sie. Als aber Jesus es sah, wurde er unzufrieden (ärgerlich) und sprach zu ihnen: Laßt die Kindlein zu mir kommen, haltet sie nicht ab, denn so beschaffenen (ebensolchen, derartigen [Menschen]) ist das Reich (des) Gottes. Amen, ich sage euch: Wer das Reich (des) Gottes nicht aufnimmt (in Empfang nimmt, anerkennt) wie ein Kindlein, wird in es gewiß nicht (schwerlich) hineingehen (eintreten, -dringen [andere Variante: ... wird es gewiß nicht ergreifen]). Und während er sie (die Kindlein) in seine Arme schloß, segnete er sie, indem er die Hände auf sie legte."[29] Im apokryphen Thomasevangelium heißt es: "Jesus sah kleine (Kinder), die Milch bekamen. Er sprach zu seinen Jüngern: Diese Kleinen, die Milch bekommen, gleichen denen, die ins Königreich eingehen."[30] Diese entzückende Stelle ist außerordentlich aufschlußreich. Sie zeigt Jesu Blick für die Kinder und ihr Wesen. In ihr wird abstrakt und in aller Kürze die Frage, wie ein (erwachsener) Mensch in das Gottesreich gelangt, beantwortet: Er muß so sein wie ein Kind. Das klingt verblüffend einfach und ist doch so schwer. Denn nur derjenige Mensch, der in gewissem Sinne ein Kind ist, taugt für das Gottes-

---

als Konkretionen der ersten auffassen. In diesem Fall würde die erste als einzige, globale Seligpreisung übrigbleiben. Die Gattung der Seligpreisungen war zur Zeit Jesu nicht unbekannt. Sie ist alttestamentlich, spätjüdisch, orientalisch und allgemein antik: Vgl. Schillebeeckx 1992, 153 und Becker 1996, 196f.

29 Mk 10,13-15; vgl. auch Mt 19,13-15 und Lk 18,15-17.
Lk verwendet an dieser Stelle den Begriff "τὸ βρέφος", was übersetzt "neugeborenes Kind" bzw. "Säugling" bedeutet.

30 Thomasevangelium 22,1f, zit. nach Crossan 1994, 358.

reich. Das Kindsein ist hier nichts anderes als eine Metapher für das unverhohlene Empfangen- bzw. Ergreifenkönnen des Gottesreiches, das als gegenwärtig gesetzt ist. Derjenige Mensch, der machtlos, ein niemand, zuversichtlich, sorglos und offen sein kann, der fähig ist, ohne Hintergedanken, Berechnen und Arg, also ohne Pein, ein Geschenk anzunehmen, der weist jene Befindlichkeit auf, die notwendig für das Hineingehen in das Gottesreich ist. Weinel bezeichnet diese "kindlichen Menschen" als tapferste Menschen, weil es so schwer sei, mit Kindesaugen in die Welt zu sehen. Das Geheimnis dieser "kindlichen Menschen" liegt einfach im Kleinwerdenkönnen überhaupt, insbesondere aber vor Gott. Mit anderen Worten: Sie sind nicht hochmütig oder stolz in bezug auf sich selbst. Das macht sie fähig, Geschenke annehmen zu können, obwohl sie sie scheinbar nicht verdient haben. Johannes scheint diese Stelle interpretiert zu haben, indem er Jesus im Gespräch mit Nikodemus sagen läßt:[31] "Wahrlich, wahrlich, ich sage dir: Wenn jemand nicht von neuem (von oben her, von je her, von Anfang an) gezeugt (geboren, hervorgebracht) worden ist, vermag er das Reich Gottes nicht zu sehen (wahrzunehmen, zu erkennen) ... Wenn jemand nicht aus Wasser und Geist gezeugt worden ist, vermag er nicht in das Reich Gottes hineinzugehen. Was aus dem Fleisch gezeugt ist, ist Fleisch, und was aus dem Geist gezeugt ist, ist Geist. Wundere dich nicht, daß ich dir sagte: Es ist nötig, daß ihr von neuem gezeugt werdet. Der Wind (Hauch, Geist [πνεῦμα]) weht (haucht), wo er will, und du hörst seine Stimme (Laut, Klang), aber du weißt nicht, woher er kommt und wohin er geht; so ist jeder, der aus dem Geist gezeugt worden ist."[32] Johannes interpretiert hier das Kindsein

---

[31] Vgl. Bultmann 1951, 55f; Weinel 1912, Vf; Crossan 1994, 360.362; Weder 1993, 43; Braun 1969, 69; Laudert-Ruhm 1996, 71f; Bornkamm 1995, 75.

[32] Joh. 3,3b.5b.6-8.

Es ist hier zu beachten, daß Johannes Jesus von der Wiedergeburt sprechen läßt. Jesus selbst hat natürlich nicht von der Wiedergeburt gesprochen, und diese auch nicht gelehrt, denn nirgendwo taucht dieser Begriff in seiner Lehre auf. Das belegt der synoptische Befund.

des Menschen philosophisch, indem er die Metapher der Wiedergeburt verwendet. Gemeint ist nichts anderes als das Vollziehen der "μετάνοια" (vgl. Abschnitt 4.3.3), wie es bei Mt an einer anderen Stelle deutlich wird: "In jener Stunde traten die Jünger zu Jesus und sprachen: Wer ist denn der Größere im Reich der Himmel? Und als Jesus ein Kind herbeigerufen hatte, stellte er es in ihre Mitte und sprach: Amen, ich sage euch, wenn ihr euch nicht umwandelt (ändert [στρέφω]) und werdet wie die Kindlein, so werdet ihr schwerlich in das Reich der Himmel hineinkommen. Jeder, der sich selbst also niedrig machen (herabsetzen) wird wie dieses Kindlein, dieser ist der Größere (Angesehenere) im Reich der Himmel."[33] An einer anderen Stelle betonte Jesus, daß das Gottesreich den scheinbar Weisen und Verständigen verborgen bzw. verhüllt sei, den Kindlichen (Unmündigen, Unerfahrenen, Unwissenden [νήπιος]) aber enthüllt bzw. offenbart sei.[34] Wen Jesus hier mit den scheinbar Weisen und Verständigen meinte, muß offenbleiben. Wahrscheinlich meinte er diejenigen Menschen, die aufgrund eines spezifischen Wissens, z.B. Schriftgelehrte oder Sadduzäer, sich einbildeten, auch sonst ungemein weise und verständig zu sein.[35]

Hingewiesen sei noch darauf, daß zur Zeit Jesu der Begriff der Gotteskindschaft kein unbekannter war. Jesus dürfte diesen Begriff also aufgegriffen und interpretiert haben. Beispiele für diesen Sach-

---

33 Mt 18,1-4.

34 Vgl. Mt 11,25b und Lk 10,21b.

Auch wenn die gesamte Stelle (Mt 11,25f und Lk 10,21) hinsichtlich ihrer Authentizität umstritten ist (vgl. Vermes 1993, 246), so dürfte der oben angeführte Kernsatz wohl auf Jesus selbst zurückgehen.

35 Man erinnert sich hier unweigerlich an die Untersuchungen des Sokrates, in denen er nacheinander einen Politiker, Dichter, Handwerker aufsucht und deren "Scheinwissen" entlarvt: Vgl. Platon: Apologie des Sokrates. 21b-22e.

Auch Laotse verglich bereits den befreiten Menschen mit einem Kleinkind. Im 18 (55). Kapitel des Tao Te King heißt es: "Wer die Völle der Kraft in sich birgt, ist einem Kleinkind gleich ...": Laotse: Tao Te King. Die Seidentexte von Mawangdui. 500 Jahre älter als andere Ausgaben. Hg. v. Hans-Georg Möller. Frankfurt am Main 1995. 78.

verhalt sind Dtn 14,1, wo es heißt: "Kinder seid Ihr dem Ewigen, Eurem Gotte", und Jes 63,16: "Ewiger, Du bist unser Vater, unser Erlöser". Des weiteren auch noch Ps 103,13: "Wie ein Vater sich der Kinder erbarmt, so erbarmt sich der Ewige derer, die in Ehrfurcht vor ihm sind." Der Begriff und das religiöse Bewußtsein der Gotteskindschaft waren also zur Zeit Jesu bereits ausgesprochenes jüdisches Erbgut. Von hierher läßt sich verstehen, warum Jesus Jahwe Vater nannte. Er tat es im Bewußtsein des Kindseins vor ihm und entnahm diese Anrede jüdischer Frömmigkeit.[36]

4.4.2 Die Klugheit

Jesus zeigte seinen Hörern anhand mehrerer Gleichnisse den Wert der Klugheit. Da ist als erstes das Gleichnis vom ungerechten Verwalter (vgl. Lk 16,1-8) zu nennen. Da ist ein Halunke, der als Verwalter seines reichen Hausherrn in die eigene Tasche wirtschaftet. Als dies der Hausherr durch andere erfährt und sogleich seinen Verwalter anklagt, *überlegt* dieser ("er sprach bei sich selbst"), wie er aus seiner mißlichen Lage herauskomme. Schließlich erläßt er einigen Schuldnern ohne Wissen seines Hausherrn einen beträchtlichen Teil ihrer Schulden und ist somit ihrer Dankbarkeit nach seiner Entlassung sicher. Jesus selbst lobte diesen "Sohn der Welt" wegen seiner Klugheit und stellte fest, daß die Weltmenschen klüger seien als die Lichtmenschen (vgl. Lk 16,8). Ein weiteres Gleichnis handelt vom klugen und törichten Mann. Der kluge Mann baut sein Haus auf Felsen, und es hält schließlich jeglichem Unwetter stand. Der törichte Mann hingegen errichtet sein Haus auf Sand, so daß beim ersten Unwetter es bereits zusammenfällt (vgl. Mt 7,24-27). Für Jesus ist also das Fundament wichtiger als der Bau. Nicht die Taten als solche sind entscheidend, sondern die Gesinnung bzw. Denkart, aus der heraus sie verwirklicht werden. Ein weiteres Gleichnis handelt vom Gang

---

[36] Vgl. Dienemann 1987, 1233-1235.

eines Angeklagten und eines Anklägers, die kurz vor der Gerichtsverhandlung stehen. Die Lage des Angeklagten ist aussichtslos. Er wird die Gerichtsverhandlung auf jeden Fall als Verlierer verlassen. Von daher ist es klug, daß er, bevor diese beginnt, schnell, d.h. unverzüglich auf seinen Ankläger zugeht, um eine Einigung mit ihm zu erzielen. Andernfalls muß er "Heller und Pfennig" seiner Schuld bezahlen (vgl. Mt 5,25f). Wenn die Strafgerechtigkeit einmal in Bewegung gesetzt ist, kennt sie kein Wohlwollen mehr, sondern die Zeit der gerechten Zumessung von Strafe wird dann schlagen und unerbittlich ihren Lauf nehmen. Das Wohlwollen kann nur unterwegs, vor Beginn der Gerichtsverhandlung erreicht werden. Klugheit meint also im Sinne Jesu, sich zu rüsten, nicht sich zu entrüsten. Sich zu rüsten, bedarf der Wachsamkeit (vgl. Mt 24,45ff). Diese Wachsamkeit ist wiederum unabdingbar mit der Klugheit verbunden.[37] Als Quintessenz können folgende Worte Jesu gelten: "... So seid nun klug (besonnen, einsichtsvoll) wie die Schlangen und unversehrt (unausgebeutet, ungeschminkt) wie die Tauben."[38] Und: "Ihr aber, seht (blickt, achtet [βλέπω]) auf euch selbst (ἑαυτοῦ)!"[39]

4.4.3 Das Liebesgebot

Auf die Frage, was das erste Gebot von allen sei, antwortete Jesus: "... Das erste ist: 'Höre, Israel: Der Herr, unser Gott, ist ein Herr; liebe (nimm liebevoll auf, bewillkommne, schätze [ἀγαπάω]) den Herrn, deinen Gott, aus deinem ganzen Herzen (Gemüt [καρδία]) und aus deinem ganzen Leben (Bewußtsein, Verlangen [ψυχή]) und aus deinem ganzen Denken (Verstand, Gesinnung [διάνοια]) und aus deiner ganzen Kraft (Stärke, Fähigkeit [ἰσχύς])!'

---

37 Vgl. Bornkamm 1995, 77-79; Zahrnt 1989, 172f; Weder 1993, 50; Dibelius 1966, 95.

38 Mt 10,16b.

39 Mk 13,9a.

Das zweite ist dies: 'Liebe deinen Nächsten wie dich selbst!' Größer als diese ist kein anderes Gebot."[40] Beide Gebote sind von Jesus aus dem Alten Testament entnommen. Das Liebesgebot zu Gott stammt aus Dtn 6,5 und das "Nächstenliebegebot" aus Lev 19,18. Beide Gebote stehen also im Alten Testament getrennt. Auch Jesus hat sie nicht zusammengefügt, jedoch unter den jeweiligen Umständen wohl einzeln angeführt. Die Doppelfassung geht auf Mk zurück, der hier wieder (vgl. Abschnitt 4.3.3) die Lehre Jesu zusammenfaßt. Das erste Gebot, die Gottesliebe, erfüllt der Mensch, wenn er zu Gott betet (vgl. Abschnitt 4.2) und bereit ist, seine Weisungen (Thora) zu befolgen. Im zweiten Gebot ist die Selbstliebe Richtmaß für die Nächstenliebe. Daß ein Mensch sich selbst liebt, wird hier vorausgesetzt. Daß ein Mensch sich selbst nicht lieben kann, aus welchen Gründen auch immer, war damals wohl nicht im Bewußtsein der Menschen. Die "Dämonenbesessenheiten" von Menschen (vgl. Abschnitt 2.4), die ja u.a. mit mangelnder Selbstliebe zu tun hatten, zeugen davon, daß es mangelndes Selbstbewußtsein, um in der heutigen Ausdrucksweise zu bleiben, natürlich auch zu Jesu Zeiten gegeben hat. Mit der Nächstenliebe ist nun stets die "ἀγάπη" (die Pietät, die Nachsicht, die sich verschenkende Liebe) im Unterschied zum "ἔρως" (die begehrende, leidenschaftliche, sinnliche Liebe, die Erotik, die Fleischeslust) gemeint. Dabei steht nicht die natürliche Hinneigung oder Sympathie, sondern die Lage des anderen Menschen im Vordergrund. Diese Liebe fliegt einem Menschen nicht einfach zu, sondern er muß sie einüben in einem mühevollen, lebenslangen Prozeß. Wie "ἀγάπη" praktiziert wird, wird eindrucksvoll in Lk 7,36-50 geschildert. Eine junge Frau, eine Prostituierte, kommt während eines Gastmahles zu Jesus und "salbt" seine Füße mit Myrrhen und ihren Tränen. Die Entrüstung des pharisäischen Hausherrn wird von Jesus dadurch entmächtigt, daß er ihm aufzeigt, daß die Liebe der jungen Prostituierten weitaus größer sei als die seinige. Es ist bezeichnend, daß gerade die

[40] Mk 12,29-31.

verachteten Menschen, in diesem Fall eine Frau, die mit ihrem Körper die Begierden der Männer befriedigt, zu so großer, ergebener und selbstloser Liebe fähig sind. Jesus war offensichtlich der Meinung, daß diese "herzergreifende Liebe", die den Menschen Gott nahe kommen läßt, unter den Elenden eher anzutreffen sei als unter den religiösen Amtsträgern. Das dürfte der Grund gewesen sein, warum sich Jesus unter bescheidene Fischer, Zöllner und gefallene Mädchen mischte.[41] Klausner und Flusser geben noch zwei Varianten der "Nächstenliebeformel" an. Klausner führt folgende Formel an: "Du sollst deinen Nächsten lieben als dich selbst."[42] Flusser meint, man könne auch sagen: "Liebe deinen Nächsten, denn er ist wie du selbst."[43]

4.4.4 Das Streben nach Vollkommenheit

In der sogenannten Berg- bzw. Feldrede (Mt 5-7 und Lk 6,20-49) finden wir ein Kernstück der Ethik Jesu. Es handelt sich dabei um zwei literarische Redekompositionen des Mt und Lk, die einige Worte, kurze Sprüche und Spruchgruppen Jesu, die er bei dieser oder jener Gelegenheit geäußert hat, gesammelt, aneinandergereiht und mit erläuternden Beispielen versehen haben. Das, was Jesus mit "Sinneswandel" (vgl. Abschnitt 4.3.3) verwirklicht sehen wollte, wird in diesen Weisungen konkretisiert. Der Berg- und Feldrede liegt also wahrscheinlich keine eigentliche, komprimierte Rede Jesu zugrunde. Auch die Bezeichnung "Bergrede" ist übertrieben. Jesus dürfte seine Reden in der Ebene oder auf bescheidenen Anhöhen gehalten haben.[44]

---

41 Vgl. Leroy 1978, 82; Conzelmann-Lindemann 1995, 473; Craveri 1970, 129-131.186f; Gnilka 1993, 243-246; Bornkamm 1995, 102; Niederwimmer 1968, 64.

42 Klausner 1952, 508.

43 Flusser 1995, 68.

44 Vgl. Holtz 1981, 84; Leroy 1978, 80; Zahrnt 1989, 164; Dibelius 1966, 87; Gnilka 1993, 212; Craveri 1970, 169.

Wir finden sowohl in der Berg- als auch in der Feldrede die Aufforderung Jesu an seine Hörer, ihre Feinde zu lieben: "Ihr habt gehört, daß gesagt worden ist: Liebe (nimm liebevoll auf, bewillkommne, schätze) deinen Nächsten (den nahen, benachbarten Menschen) und hasse (verabscheue, verschmähe, vernachlässige, wolle nicht) deinen Feind (Gegner). Ich aber sage euch: Liebet eure Feinde (Gegner) und betet (bittet) für die, die euch verfolgen (treiben, nachspüren, nachlaufen), damit ihr Söhne (Kinder) eures Vaters werdet, der in den Himmeln ist, denn er läßt seine Sonne aufgehen über Böse und Gute und läßt regnen über Gerechte und Ungerechte ... Seid oder werdet nun vollkommen (ganzheitlich [τέλειος]) wie euer Vater, der Himmlische (Unermeßliche), vollkommen ist."[45] Jesus ersetzte das Gebot der Nächstenliebe (vgl. Abschnitt 4.4.3) durch das Gebot der Feindesliebe oder radikalisierte es durch die Einbeziehung der Feindesliebe. Die Logik ist klar: Derjenige Mensch, der imstande ist, seinen Gegner zu lieben, wird ebenfalls alle anderen Menschen lieben können, denn Schwereres als seinen Feind zu lieben, gibt es nun einmal nicht. Das Judentum zur Zeit Jesu kannte das Ideal der Feindesliebe, z.B. in der ethischen Quintessenz des Buches Jona oder im Testament Benjamins, in dem das liebevolle Besiegen des schuldig gewordenen Menschen zum wichtigen sittlichen Imperativ wurde. Bei Jesus erscheint die Feindesliebe jedoch im Zentrum seiner Lehre, wird also radikal als ethisches Ideal hervorgehoben. Diese Radikalität scheint in ihrer Bedingungslosigkeit neu zu sein. Man wird mit diesem Gebot auch nur umgehen können, wenn man den Prozeßcharakter des Gebotes beachtet. Dieser Prozeßcharakter wird durch die Verben "γίγνομαι" (werden, entstehen, wachsen) in Vers 45a und dem Indikativ Futur von "εἰμί" (sein werden) in Vers 48a deutlich. Der

---

45 Mt 5,43-45.48. Vgl. auch Lk 6,27f.

Es ist zu beachten, daß Mt den Vers 48 Jesus in den Mund gelegt hat. Doch auch hier wieder gilt, wie schon bei Mk (vgl. die Abschnitte 4.3.3 und 4.4.3), daß Mt mit diesem Vers die Lehre Jesu treffend abstrakt zusammenfaßt: Vgl. Gnilka 1993, 235.

Mensch soll erst noch der Sohn (das Kind) Gottes (vgl. Abschnitt 4.4.1), das Höchste und Letzte, also ganzheitlich werden. Er ist es also gegenwärtig noch nicht, soll aber danach streben. Der Mensch wird ersucht, sich an Gott selbst zu orientieren. Gott allein ist "Maßstab aller Dinge". Dieser Gott aber liebt sowohl gerechte wie ungerechte Menschen (Vers 45b). Wie die Feindesliebe eingeübt werden kann, hat Jesus bereits auch schon festgestellt: Trotz aller Abneigungsgefühle gegenüber seinen Gegnern, soll der Mensch für sie beten (vgl. Abschnitt 4.2), d.h. für sie Gutes erbitten oder an sie denken vor Gott (Vers 44b). Durch das Praktizieren solcher Gebete wird es ihm mit der Zeit gelingen, seine Abneigungsgefühle gegen seine Widersacher zu reduzieren. Das Gebet ist also die vorzüglichste Gelegenheit, die Feindesliebe zur Bewährung zu bringen. Jesus verlangte also mit dem Gebot der Feindesliebe vom Menschen unbedingte Hingabe an das Gute, eine selbstüberwindende Anstrengung, Taten, nicht Worte. Der Mensch soll die Fraglosigkeit der Liebe einüben, so wie sie Gott zu eigen ist. Um so mehr aber der Mensch diese göttliche Fraglosigkeit der Liebe einübt, um so näher kommt er dem immer gegenwärtigen Gott, d.h. dem Heil (vgl. den Schluß von Abschnitt 4.3.1).[46]

In der Berg- bzw. Feldrede finden wir weitere Merksätze, die den Menschen darauf verweisen, auf sich selbst zu achten (vgl. Mk 13,9a) und nach Vollkommenheit zu streben. Der Mensch wird zunächst aufgefordert, dem Bösen nicht zu widerstehen (nicht Widerstand zu leisten, sich nicht entgegenzustellen [μὴ ἀνθίστημι]) (vgl. Mt 5,39a), d.h. Gewalt (verbal und physisch) soll nicht mit Gegengewalt, sondern mit Geduld, Friedensliebe und Ertragen von Kränkungen beantwortet werden. Das Nachgeben ist dabei keine Schwäche,

---

[46] Vgl. Leroy 1978, 81.84.86; Conzelmann-Lindemann 1995, 473; Klausner 1952, 545; Flusser 1995, 77f; Gnilka 1995, 228f.231.235; Bultmann 1951, 161; Zahrnt 1989, 171; Weinel 1912, X; Dibelius 1966, 102; Conzelmann 1959, 638.

sondern der Versuch, das Böse durch das Gute zu überwinden, das "normale" Verhältnis zwischen Menschen, das vielfach von Egoismus und Rücksichtslosigkeit bestimmt ist, zu verändern. Der Mensch wird ersucht, die sogenannte goldene Regel (vgl. Mt 7,12 und Lk 6,31), die sich schon bei Rabbi Hillel und im Hellenismus findet, zu beachten: Was er von anderen Menschen erwartet, soll er ihnen in gleicher Weise tun. Er wird angehalten, nicht (vorschnell) zu richten und freizugeben (loszulassen, -machen, zu befreien, abzulösen [ἀπολύω]), denn "mit seinem Maßstab" wird auch ihm (von Gott) zugemessen werden (vgl. Mt 7,1f; Lk 6,37 und Mk 4,24b). Des weiteren wird der Mensch aufgefordert, nicht Schätze auf Erden, sondern Schätze im Himmel zu sammeln, also nicht nach dem Vergänglichen, sondern nach dem Unvergänglichen zu streben. Seine Orientierung beim "Schätzesammeln" verrät nämlich seine "Herzensstimmung" (vgl. Mt 6,19-21). Jesus forderte auch zur Wahrhaftigkeit auf. Ein Ja soll ein Ja, ein Nein ein Nein sein (vgl. Mt 5,37a). Wahrhaftig (ehrlich) kann aber nur derjenige Mensch sein, der seine Angst um sich selber überwinden will und daher keine verfehlten (unehrlichen) Praktiken mehr benötigt, um sich selber zu salvieren bzw. in Sicherheit zu bringen.[47]

Alles Streben nach Vollkommenheit soll aber nicht von Hast und Unruhe, sondern von Zuversicht und Sorglosigkeit begleitet sein. Denn derjenige Mensch, der zuerst nach dem Gottesreich und dessen Gerechtigkeit sucht (sich bemüht, verlangt), in der Gewißheit, es zu finden, braucht sich keine Sorgen um den folgenden Tag zu machen, weil er weiß, daß dieser für sich selbst sorgen wird (vgl. Mt 6,33a.34). Für Jesus ist also die Gegenwart, das Hier und Jetzt, von Wichtigkeit, denn von der Gegenwart aus bestimmt sich die Zukunft. Wer sich um die Zukunft sorgt, verschwendet nur unnötig Energien, die er viel besser in seiner gegenwärtigen Situation verwenden könnte. Es geht dar-

---

[47] Vgl. Gnilka 1993, 217.233.240; Craveri 1970, 189; Leroy 1978, 82; Conzelmann-Lindemann 1995, 472; Vermes 1993, 254f; Conzelmann 1959, 640; Becker 1996, 308.

um, die Kausalkette der Sorgen zu durchbrechen. Dies ist demjenigen Menschen möglich, der sich ganz auf das Gottesreich bzw. Gott ausrichtet. Ihm wird, nach der Überzeugung Jesu, alles weitere zufallen, weil er fähig wird oder schon ist, so sorglos wie ein Kind zu sein (vgl. Abschnitt 4.4.1).[48]

---

[48] Vgl. Vermes 1993, 264; Zahrnt 1989, 140f; Craveri 1970, 201; Becker 1996, 392.

Erwähnt sei hier noch eine Stelle aus dem Buch der Weisheit (vgl. den Schluß von Anm. 13 im Abschnitt 4.3.1), in der auch die Sorglosigkeit angesprochen wird: "Denn das Nachsinnen über sie (die Weisheit) ist schon vollendete Klugheit (vgl. Abschnitt 4.4.2), und wer ihretwegen nicht schläft, wird rasch ohne Sorgen sein.": Weish 6,15.

III Die Selbsterziehung des Menschen

Wir haben Leben, Persönlichkeit und Lehre sowohl von Buddha als auch von Jesus dargestellt. Pädagogisch ausgedrückt, können wir feststellen: Beide waren Menschen, die sich zuerst selbst erzogen haben, und zwar in ganzheitlicher Weise, um dann ihre Lehren den Menschen kundzutun. Somit können sie als Wegweiser einer Selbsterziehung des Menschen bezeichnet werden. Offen bleibt jedoch die Frage, wie der einzelne Mensch mit beiden Lehren oder einer von beiden umgehen soll. Denn sowohl Buddha wie auch Jesus erheben mit ihren Lehren höchste, ja äußerste Ansprüche. In diesen Lehren ist der Mensch in seinem ganzen Lebensprozeß, von seiner Geburt bis zu seinem Tod, angesprochen. Ja, sie gehen noch darüber hinaus: Sie geben Antwort auf die Frage, was nach dem Tod mit dem Menschen sei, begeben sich also in "eine Sphäre", in der jegliche menschliche Vernunft schweigen muß, weil es ihr unmöglich ist, "diese Sphäre" zu fassen. Anders gesagt: Sowohl die Lehre Buddhas als die von Jesus fordern den Menschen zu einer Glaubensentscheidung, wie sie auch immer ausfallen mag, auf. Diese Glaubensentscheidung des Menschen ist eine Notwendigkeit, will er diesen Lehren redlich gegenüberstehen. Im folgenden wird nun versucht, dem Menschen Orientierungspunkte aufzuzeigen, anhand derer ihm die Glaubensentscheidung erleichtert werden soll.

1. Die Notwendigkeit der Selbstprüfung der Lehren Buddhas und Jesu

Es ist unabdingbar, sich von der Wahrhaftigkeit der Lehren Buddhas und Jesu selbst zu überzeugen. Denn nur derjenige Mensch kann an etwas wirklich glauben, der davon überzeugt ist. Buddha selbst hat auf diesen Sachverhalt hingewiesen, indem er die Kalamas, Menschen aus einem kleinen Ort im Königreich Kosala, aufforderte: "Richtet euch, ihr Kalamas, nicht nach Hörensagen und Überlieferung, nicht nach landläufigen Meinungen und der Autorität von (heiligen) Schriften, nicht nach Spekulationen und Schlußfolgerungen, nicht nach sinnfälligen Theorien und liebgewordenen Ideen, nicht nach dem Eindruck persönlicher Vorzüge (des betreffenden Samana) und nicht nach der Autorität eines Meisters! Wenn ihr vielmehr selber erkennt: 'Diese Dinge sind unheilsam, verwerflich, werden von Verständigen getadelt, führen, wenn verwirklicht, zu Unheil und Leiden' - dann, Kalamas, sollt ihr sie ablehnen ... Und wenn ihr selbst erkennt: 'Diese Dinge sind heilsam, annehmbar, werden von Verständigen gepriesen, führen, wenn verwirklicht, zu Heil und Glück' - dann, Kalamas, solltet ihr sie euch zu eigen machen."[1] Kurz gesagt: Der Mensch ist ersucht, die Lehre Buddhas anhand seiner Wirklichkeit, seines Erfahrens der Realität hier und heute zu über- oder nachzuprüfen. Ein echtes Überprüfen ist aber nur demjenigen Menschen möglich, der die Lehre Buddhas ihrem Sinngehalt nach verstanden hat. Ein solches Verstehen bedarf aber einer erheblichen Anstrengung, die nur dann auf sich genommen wird, wenn am Anfang eine gewisse, nicht zu erklärende Intuition der Wahrhaftigkeit dieser Lehre im Menschen vorhanden ist, die ihn motiviert, diese Anstrengung zu vollziehen. Wie die Lehre Buddhas zu überprüfen ist, so natürlich auch diejenige des Jesus. Das oben zitierte Buddha-Wort läßt sich unmittelbar auf die Lehre Jesu übertragen. Wir finden im Lk eine ähnliche, indirekte, wenn auch nicht so präzise formulierte Aufforderung Jesu, sich seiner Lehre zu vergewissern. Die nur in der Handschrift D überlieferte Stelle lautet: "An jenem Tage, als er (Jesus) (mit Interesse) sah (schaute), während irgendeiner am Sabbat tätig war, sagte er zu ihm: Mensch, wenn du weißt (erkannt, verstanden hast [οἶδα]), was du tust, selig (glücklich) bist du, wenn du (es) aber nicht weißt, fluchwürdig (verrucht, verwünscht) und ein Übertreter (Frevler) des Gesetzes bist du."[2] Jesus verlangte also, daß der Mensch wisse, was er tue.

---

1 A 3,65, zit. nach Schumann 1995, 230.

2 Lk 6,4cd: Handschrift D = Bezae Cantabrigiensis.

Wissen kann man aber nur, wenn man sich vorher überlegt hat, was man tut - in diesem Fall, ob es Gründe dafür gibt, am Sabbat Arbeit zu verrichten. Die Aussage dieser Stelle läßt sich auf die Lehre Jesu im ganzen übertragen: Der Mensch darf, ja soll und muß sie überprüfen. Dem einzelnen Menschen wird die persönliche Entscheidung nicht abgenommen. Jeder einzelne muß für sich entscheiden. Jesus appellierte wie Buddha an die Einsicht und Vernunft des Menschen. Er gab seinen Hörern keine festen Regeln an die Hand, um diese etwa nur zu halten, um recht zu leben, sondern die Verwirklichung (Praxis) des Tuns muß vom Menschen selbst gesucht und gefunden werden. Kein blinder Gehorsam ist gefordert, sondern Verstandesarbeit, deren Ergebnis die praktische Umsetzung unmittelbar zur Folge hat.[3]

Wir müssen jedoch nüchtern feststellen: Nur wenige Menschen vollziehen die oben ausgeführte Verstandesarbeit. Der Dalai Lama bemerkt dazu: "Die Mehrheit der Menschen vernachlässigt die Religion einfach, aber unter denen, die sie nicht vernachlässigen, gibt es auf der einen Seite eine Gruppe, die dem religiösen Glauben folgt und den Wert eines spirituellen Pfades erfährt, und auf der anderen Seite eine Gruppe, die den Wert von Religion bewußt leugnet. Das Resultat ist ein permanenter Konflikt zwischen beiden Parteien. Es wäre die Mühe wert, wenn wir in der einen oder anderen Weise helfen könnten, die beiden Kräfte einander näher zu bringen."[4]

Buddha und Jesus, beide, waren sich dieses Sachverhaltes bewußt. Bei Buddha hören wir: "So gibt es auch, ihr Mönche, nur weni-

---

Es ist zu beachten, daß diese Stelle nicht im "offiziellen Text" (Kanon) des Lk steht, sondern aufgrund der schwachen Überlieferung (nur in der Handschrift D) sich im textkritischen Apparat des Originaltextes befindet. Vergleicht man den Inhalt dieser Stelle mit der Lehre Jesu (Kapitel II 4), kann festgestellt werden, daß sie mit Ausnahme des Verfluchungswortes, das Jesus in dieser Art und Weise wohl nicht ausgesprochen haben dürfte, wohl authentisch ist: Vgl. dazu Klausner 1952, 515.

Zum Arbeitsverbot am Sabbat: Vgl. Ex 31,12-17 und Lev 23,3.

3 Vgl. Zahrnt 1989, 156; Braun 1969, 65; Holtz 1981, 93.

4 Dalai Lama 1996, 65.

ge Wesen, die verständig sind, ... und viel mehr, die unverständig sind ... So gibt es auch, ihr Mönche, nur wenige Wesen, die mit dem edlen Weisheitsauge begabt sind, und viel mehr, die in Unwissenheit versunken und verstört sind ... So gibt es auch, ihr Mönche, nur wenige Wesen, die die Lehre hören und bewahren, und viel mehr, die die Lehre hören, aber nicht bewahren ... So gibt es auch, ihr Mönche, nur wenige Wesen, die die Lehre bewahren und ihren Sinn erforschen, und viel mehr, die die Lehre bewahren, aber nicht ihren Sinn erforschen ... So gibt es auch, ihr Mönche, nur wenige Wesen, die den Sinn verstehen und die Lehre verstehen und nach der Lehre wandeln, und viel mehr, die wohl den Sinn verstehen und die Lehre verstehen, aber nicht nach der Lehre wandeln ..."[5] Die urbuddhistischen Verfasser haben versucht, dieses Buddha-Wort zu interpretieren, indem sie vier Arten von Menschen unterscheiden: Der erste Menschentyp erstrebt das "Heil" weder für sich noch für andere Menschen. Der zweite Menschentyp erstrebt das "Heil" nur bei anderen Menschen, nicht aber das eigene, indem er andere belehrt, ohne sich selbst an diese Belehrung zu halten. Der dritte Menschentyp strebt nach eigenem Heil, ohne die anderen Menschen dabei zu belehren. Der vierte Menschtyp schließlich erstrebt eigenes Heil und das der anderen Menschen. Er führt selbst ein sittliches Leben und hält die anderen ebenso dazu an. Von diesen vier Menschentypen sei, so die urbuddhistischen Verfasser, der dritte besser als die beiden ersten, der vierte aber von allen der Erhabenste.[6] Auch Jesus führte vier Menschentypen an, die er anhand eines Gleichnisses darstellte: Ein Sämann sät. Einige Saat fällt nun auf den Weg, die von den Vögeln gefressen wird. Gemeint sind hier diejenigen Menschen, die die Lehre hören, in denen sie aber keine Wurzeln schlägt. Wiederum fällt einige Saat auf Stein. Die Saat geht zwar auf, verdorrt aber nach weniger Zeit, weil die Erde für die Wurzel fehlt. Gemeint sind hier Menschen des Au-

---

5 Reden des Buddha 1993, 188.

6 Vgl. Lehmann 1983, 130 und Glasenapp o.J., 112f.

genblickes. Sie hören die Lehre zwar, ertragen aber die Ärgernisse nicht, die durch das Arbeiten mit der Lehre entstehen und überwunden werden müssen, sondern lassen die Lehre dann fallen, weil sie sich überfordert fühlen und sich diese Überforderung nicht eingestehen können. Wiederum fällt einige Saat unter Dornen, die diese schließlich gar nicht aufkommen lassen, sondern ersticken. Hier sind Menschen gemeint, die mehr von den momentanen Sorgen jedweder Art, von der Habgier nach Reichtum (Geld) und überhaupt von irgendwelchen Begierden beeindruckt sind als von der Lehre. Schließlich fällt die Saat aber auch auf gute Erde, was ein Heranwachsen der Saat und Fruchtbringen derselben zur Folge hat, dreißig- oder sechzig- oder hundertfach. Gemeint sind die Menschen, die die Lehre hören, aufnehmen, mit dieser (vor allem selbstkritisch) arbeiten und sie verwirklichen wollen. Je nach Talent und Begabung bringen diese Menschen dann dreißig-, sechzig- oder hundertfache Frucht bzw. Erfolg.[7]

---

[7] Vgl. Mk 4,1-20.
Vgl. auch die Parallelstellen Mt 13,1-23 und Lk 8,4-15.

2. Exkurs: Ein Vergleich der Lehren Buddhas und Jesu

Unter der Voraussetzung, daß die Lehre des Buddha eher als "mystisch" und die Lehre des Jesus eher als "prophetisch" zu kennzeichnen sind[1] und die Begriffe "Gott" und "Gottesreich" anthropomorphe Begriffe (vgl. die Einführung zum Teil II) sind, lassen sich erhebliche Übereinstimmungen beider Lehren feststellen. Wir nehmen den achtgliedrigen Weg (vgl. Abschnitt I 4.2.5) als Orientierungspunkt. Die (vorauszusetzende) Erkenntnis (Nr. 1 und Nr. 2) des Achtweges (vgl. Abschnitt I 4.2.5.2.1) entspricht in der Lehre Jesu dem Glauben an Jahwe (vgl. Abschnitt II 4.1.2) und dem Streben nach Vollkommenheit (vgl. Abschnitt II 4.4.4). Die Ethik (Nr. 3 - Nr. 5) des Achtweges (vgl. Abschnitt I 4.2.5.2.2) läßt sich in der Ethik Jesu (vgl. Abschnitt II 4.4) wiederfinden, wobei jedoch die Glieder Nr. 3 bis Nr. 5 des Achtweges konkrete Weisungen enthalten, die aus der abstrakten Ethik Jesu erst zu folgern sind.[2] Die Meditation oder Geistesschulung (Nr. 6 - Nr. 8) des Achtweges läßt sich zum Teil in der Lehre Jesu ausmachen. Nr. 6 "rechte Anstrengung" ist notwendig, um die ethischen Weisungen Jesu überhaupt umsetzen zu können. Nur derjenige Mensch, der dies mit "rechter Aufmerksamkeit" (Nr. 7) durchführt, wird in der Lage sein, die ethischen Weisungen Jesu letztlich wirklich zu vollenden. Die "rechte Achtsamkeit" wird dabei durch das Gebet (vgl. Abschnitt II 4.2) gefördert. Die "rechte Meditation bzw. Sammlung" (Nr. 8) ist Eigengut des Buddha, jedoch nicht relevant für die Befreiung (Erlösung), weil der Mensch auch ohne "rechte Meditation" zur Befreiung gelangen kann (vgl. den Schluß des

---

1 Buddha als Mystiker beschreiben: Schumann 1995, 227f und Greschat 1987b, 400. Das Wesen des Prophetentums stellen komprimiert dar: Hossfeld-Reuter 1987, 512ff.

2 Glasenapp meint, daß sich die sittlichen Vorschriften Buddhas mit denen der Bergrede (vgl. Abschnitt II 4.4.4) in vollendeter Harmonie befinden: Vgl. Glasenapp o.J., 11.

Abschnittes I 4.2.5.3).[3] Das Heilsziel beider Lehren schließlich ist identisch (vgl. Abschnitt I 4.4 mit Abschnitt II 4.1.2 und den Schluß von II 4.3.1).[4] Wenn auch in Jesu Lehre der Gedanke der Wiedergeburt nicht vorkommt, so ist dieser Sachverhalt letztlich sekundär, denn derjenige Mensch, der die Lehre Jesu ernst nimmt und sie befolgen will, befindet sich, im Sinne des Buddha gesprochen, bereits auf dem Heilsweg (vgl. Abschnitt I 4.2.5.4). Beide Lehren, die des Buddha und Jesus, sind individualistisch, bieten also keine Ethik für die Völker und Ordnungen dieser Welt, wenngleich der einzelne Mensch sich in dieser Welt bewähren soll. Des weiteren sind beide Lehren kultkritisch, d.h. dem religiösen Kult, in welcher Form auch immer, wird keine "Heilsrelevanz" beigemessen. Betont wird vielmehr die religiöse Vervollkommnung des einzelnen Menschen, die als Voraussetzung für das Erlangen des Heils erscheint.[5]

Aus den Ausführungen dieses Exkurses ergibt sich, daß dem Menschen, der den "Heilsweg" beschreiten möchte,[6] drei Möglichkeiten offenstehen: Er kann allein der Lehre Buddhas oder allein der Lehre des Jesus folgen oder eine Synthese aus beiden Lehren bilden und dieser Synthese dann nachgehen. Welche Möglichkeit er ergreift, wird von seiner persönlichen Veranlagung abhängen. Entscheidend

---

3 Vgl. auch Abschnitt I 4.2.5.4 mit Abschnitt II 4.4.1 sowie Greschat 1987a, 29.

Heiler vergleicht die Versenkung des Buddha mit dem Gebet des Jesus: Vgl. Heiler 1922, 61ff.

4 Es ist zu beachten, daß der Begriff "Nirvana" ja letztlich ebenfalls anthropomorph ist wie die Begriffe "Gott" und "Gottesreich".

5 Vgl. Klausner 1952, 573f; Weinel 1912, XV; Hossfeld-Reuter 1987, 514; Schumann 1995, 98.

Eine nähere Beschreibung der Kultkritik Buddhas findet sich bei Schumann 1995, 91-98.

Zur Kultkritik Jesu: Vgl. Mk 7,14-23 und Gnilka 1993, 219 sowie Vermes 1993, 260. Es ist zu beachten, daß der Abendmahlsbericht (Mk 14,12-25) eine Kultlegende ist, die den späteren Tod Jesu interpretiert: Vgl. die Analyse bei Conzelmann-Lindemann 1995, 489 und Craveri 1970, 368-378.

6 Der Mensch kann sich natürlich auch gegen die Lehren Buddhas und Jesu entscheiden.

ist auf jeden Fall, die Weisungen Buddhas bzw. Jesu in die Tat (Praxis) umsetzen zu wollen. Die Theorie beider Lehren hat ihren Sinn im Verstehen derselben, auf das Verstehen muß jedoch die Praxis folgen, will man den Ansprüchen Buddhas und Jesu gerecht werden und vor sich selber aufrichtig und ehrlich bleiben, denn es geht ja letztlich um den Menschen selber und um seine Entfaltung, also um seinen eigenen Nutzen. Die Lehren Buddhas und Jesu sind und bleiben dabei "lediglich" Wegweisungen.

3. Der Heilsnutzen: Einige Gleichnisse von Buddha und Jesus

Im folgenden werden jeweils zwei Gleichnisse von Buddha und Jesus angeführt, die verdeutlichen, daß der Mensch aus eigenem Interesse pragmatisch verfahren und sich nicht lange mit irgendwelchen Theorien abgeben soll. Diese Pragmatik dient bzw. nützt seinem "Heil".

Kommen wir zuerst zu Buddha. Da heißt es: "... Was meint ihr, ihr Mönche, was ist mehr: diese Handvoll Simsapa-Blätter, die ich hier halte, oder die Blätter in den Bäumen über uns? ... Herr, nur wenige Blätter sind das in deiner Hand, viel mehr Blätter sind das oben in den Bäumen ... Ebenso, Mönche, sind es viel mehr Dinge, die ich erkannt, aber nicht offenbart habe; nur wenige Dinge sind es, die ich offenbart habe. Und warum habe ich jene nicht offenbart? - : Weil sie nichts mit dem Nutzen zu tun haben, nicht dem heiligen Leben dienen, nicht zur Abkehr, Leidenschaftslosigkeit, Beruhigung, zum Verständnis, zur Weisheit, zum Verlöschen führen."[1] Der Buddha selbst also berichtete den Menschen nur das, was sie "verkraften" konnten, obwohl er, so wird berichtet, mehr wußte. Die Lehre soll den Menschen selber Nutzen bringen und nicht ein theoretisches Konstrukt bleiben. Ein weiteres Gleichnis lautet: "... Wie wenn ein Mann von einem dick mit Gift bestrichenen Pfeil getroffen wird. Seine Freunde rufen einen Arzt herbei, aber (der Verletzte) spricht: 'Ich werde diesen Pfeil nicht herausziehen bis ich Namen und Familie des Schützen weiß, ferner ob er groß oder klein ist, schwarz, braun oder golden von Hautfarbe, wo er wohnt, wie Bogen und Sehne beschaffen sind, woraus der Pfeil genau besteht und mit Federn welchen Vogels er geschäftet ist.' Dieser Mann ... würde sterben bevor er das alles weiß."[2] Dieses Gleichnis verdeutlicht in prägnanter Weise, daß alleiniges, theoretisches Spekulieren über die Lehre nutzlos ist. Allein das prag-

---

1 S 56,12,4,1 gerafft, zit. nach Schumann 1995, 230f.

2 M 63 I p.429 gerafft, zit. nach Schumann 1995, 229f.

matische Vorgehen führt letztlich zu "handfesten Ergebnissen" und ist der Lehre angemessen.

Kommen wir zu Jesus. In dem Gleichnis von den anvertrauten Talenten geht es um einen Hausherrn und seine drei Knechte. Ihnen vertraut er, ehe er verreist, je nach Begabung, fünf, zwei und ein Talent(e) an, damit sie mit diesen wirtschaften. Der erste Knecht, der fünf Talente erhielt, erwirbt fünf, der zweite, dem zwei anvertraut wurden, erwirtschaftet zwei dazu. Der dritte Knecht aber arbeitet nicht mit seinem Talent, sondern vergräbt es, so daß er im Gegensatz zu den ersten beiden Knechten bei der Rückkehr seines Hausherrn keinen Gewinn vorweisen kann. Die ersten beiden Knechte werden nun von ihrem Hausherrn gelobt, und da sie sich im Kleinen bewährt haben, werden ihnen größere, ehrenvollere Aufgaben übertragen. Der dritte Knecht schließlich wird von seinem Hausherrn gescholten und wegen seiner Faulheit aus seinem Haus verstoßen.[3] Das Gleichnis bringt zum Ausdruck, daß es sinnvoll ist, mit seinen Fähigkeiten und Begabungen (Talente) zu arbeiten, und zwar zum eigenen Nutzen und zum Nutzen anderer. Unnütz handelt dagegen derjenige Mensch (dritter Knecht), der seine natürlichen Anlagen nicht entfaltet. Der dritte Knecht fällt vor allem durch seine Dummheit auf. Hätte er nämlich sein Talent wenigstens den Geldwechslern gegeben, dann hätte er seinem Hausherrn zumindest den Gewinn der Zinsen übergeben können. Das hätte dann vermutlich gereicht, um seinen Hausherrn zufriedenzustellen. Nicht, daß er ein Schuft ist, ist schlimm, sondern vielmehr seine Dummheit (vgl. dazu den klugen Verwalter im Abschnitt II 4.4.2). Ein anderes Gleichnis erzählt von einem Weinbergbesitzer, der Tagelöhner für seinen Weinberg anwirbt. Auf dem Marktplatz stellt er frühmorgens, zur dritten, sechsten, neunten und elften Stunde Arbeiter ein und vereinbart mit ihnen jeweils den Lohn eines Denares für den Tag. Am Abend erhält schließlich jeder der

---

[3] Vgl. Mt 25,14-29.
Vgl. auch Lk 19,12-26.

Arbeiter einen Denar als Lohn, woraufhin sich diejenigen Arbeiter, die vom frühen Morgen bis zum Abend gearbeitet haben, beim Weinbergbesitzer beschweren, weil sie nicht mehr Lohn erhalten als z.B. diejenigen, die erst ab der elften Stunde gearbeitet haben. Der Weinbergbesitzer weist sie jedoch zurecht, indem er feststellt, daß er den vereinbarten "Vertrag" einhalte, aber auch gütig zu den letzten Arbeitern sein wolle.[4] Auch hier wieder wird deutlich, daß die Tagelöhner, die sich erst zur elften Stunde auf den Marktplatz stellen, die klugen Menschen bezeichnen, während die Tagelöhner, die sich bereits frühmorgens auf dem Marktplatz befinden, töricht sind. Töricht sind sie deshalb, weil sie nach den menschlichen Begriffen von Leistung und Lohn berechnen, ja sich mit anderen Menschen neidisch vergleichen, anstatt über sich selbst nachzudenken und aufgrund des Selbstnachdenkens klug, d.h. pragmatisch zu handeln, also, um in der Sprache des Gleichnisses zu bleiben, sich so wie die klugen Tagelöhner zu verhalten und sich erst zur elften Stunde auf den Marktplatz zu stellen.[5] Also nicht nur Pragmatik als solche ist nützlich, sondern eine kluge Vorgehensweise ist gefragt. Diese kluge Vorgehensweise bzw. Pragmatik kann aber nur umgesetzt werden, wenn der Mensch sich der Mühe des Nachdenkens unterzieht.[6]

Was die Lehren Buddhas und Jesu betrifft, können wir feststellen: Allein der Heilsnutzen für den Menschen ist entscheidend. Anders gesagt: Diese Lehren müssen im konkreten Leben eines Menschen wirksam werden, so daß ein Mensch deren Nützlichkeit erfahren kann, ansonsten sind sie wertlos. Schumann faßt treffend zusammen: "Allein die Heilswirksamkeit einer Lehre ist der Maßstab, nach dem sie zu beurteilen ist; erst im Ergebnis zeigt sich ihr Wert. Hat

---

4 Vgl. Mt 20,1-15.

5 Es ist zu beachten, daß die Verse 6b und 7a wohl von Mt eingefügt wurden: Vers 6b widerspricht in seiner Zeitangabe ("den ganzen Tag") Vers 6a: Vgl. den zeitlichen Ablauf in den Versen 1-5. Die Frage des Weinbergbesitzers (6b) und die Antwort der Arbeiter (7a) sind überflüssig.

6 Vgl. Bornkamm 1995, 126 und Braun 1969, 70f.

sich dann aber ihr Erlösungsnutzen herausgestellt, sollte man an ihr festhalten."[7]

7 Schumann 1995, 230.

4. Anregungen zur Selbsterziehung

Im folgenden wird versucht, einige Anregungen aufzuzeigen, die der Selbsterziehung des Menschen zuzuordnen sind.

4.1 Notwendigkeit von Theorie und Praxis

Es ist ein merkwürdiges Phänomen unserer gegenwärtigen, abendländischen Kultur, daß viel vom Lernen gesprochen wird und dieses auf unterschiedlichen Ebenen vollzogen wird. Wir lernen Schreiben, Lesen, Schwimmen, Autofahren, mit dem Computer Umgehen usw. Wenn es jedoch um geistige Fähigkeiten (z.B. Konzentration, Beobachtungsfähigkeit, Geduld) geht, meinen wir, daß sich diese Fähigkeiten von selbst entwickeln. Das Gegenteil ist der Fall. Diese geistigen Fähigkeiten entfalten sich nur, wenn der Mensch seinen Geist schult, d.h. ein hohes Maß an Energie und Disziplin für diese Schulung aufwendet. Die Methode und der Nutzen dieser Geistesschulung wird z.B. in der Lehre des Buddha in teilweise sehr konkreter Weise beschrieben. Der Mensch muß nicht an die Wiedergeburt glauben oder überhaupt Anhänger(in) der Lehre des Buddha sein, um diesen Sachverhalt zu verstehen. Daß Achtsamkeit bzw. Besonnenheit dem Menschen förderlich sind, weiß jeder, der es einmal ausprobiert hat. Der Buddha selbst soll festgestellt haben, daß das "diesseitige Wohlbefinden" des Menschen durch Fleiß, Wachsamkeit, edlen Umgang und eine maßvolle Lebensweise gefördert wird. Hieraus folgt: Erst zur Kenntnis nehmen, Sachverhalte für sich überprüfen, verstehen und dann versuchen, in die Tat umzusetzen. Mit anderen Worten: Anwendung von Theorie und Praxis. Die Lehre des Buddha ist also in erster Linie eine praktische Therapie, eine Heilmethode, die den Menschen von einer Art Krankheit (Unzufriedenheit) befreien möchte. Anders gesagt: Sie fordert den Menschen zur Selbsterziehung auf um seines eigenen Nutzens willen. Es geht darum, Irrtümer zu erkennen und Illusionen zu beseitigen. Dazu ist aber eine unnachsichtige, aber auch geduldige Selbstprüfung nötig,[1] denn: "Was jemand bei sich selbst als preiswert achtet in Sehen, Hören, Denken oder Tugend, allein das wählt er, um es festzuhalten, und alles andre sieht er an als Torheit."[2] Wer der Lehre des Buddha folgt, ist nicht aufgefordert, sich abstrakte Begriffe anzueignen, sondern wird angehalten, sich innerlich tätig anzustrengen, in unermüdlicher Arbeit an sich selber. Diese unermüdliche, energische Anstrengung ist der Grundton der Lehre des Buddha, wie auch die des Jesus, und nicht Quietismus. In der Lehre des Buddha geht es um die klarbewußte Erforschung der Wirklichkeit und um die Erfahrung der Wirkenskraft und der Freiheit des Handelns. Dasselbe gilt für die Lehre des Jesus, nur, daß in dieser die Betonung mehr auf das Gewinnen intuitiven Erfassens als auf reflexives Erforschen der Wirklichkeit liegt. Für beide Lehren läßt sich letztlich sagen: Nicht das Reden, sondern die Tat bringt das hervor, was der Mensch wirklich ist.[3]

4.2 Kennzeichen einer gelingenden Selbsterziehung: zunehmende Zufriedenheit

Ein untrügliches Kennzeichen einer gelingenden Selbsterziehung ist das *Gefühl* der Zufriedenheit bzw. des Wohlbefindens. Um so mehr sich dieses Gefühl einstellt, um so mehr ist die Selbsterziehung als gelungen zu bezeichnen. Die Zufriedenheit bzw. das Wohlbefinden ist ein Vorgeschmack dessen, was im religiösen Sprachgebrauch "Erlösung" oder "Befreiung" oder "Heil" genannt wird. Gemeint ist das *Erfahren* von innerer Freiheit, innerem Frieden und innerer Ruhe, die *Befreiung* von Geist und Emotion. Diese Erfahrung kann jeder Mensch erleben unabhängig davon, ob er religiös ist oder

---

1 Vgl. Gäng 1996, 61f; Kantowsky 1993, 115f; Percheron 1970, 45.56.

2 Reden des Buddha 1993, 169.

3 Vgl. Beckh 1916a, 114; Beckh 1916b, 130; Oldenberg 1923, 248.252; Braun 1969, 62.

nicht. Jeder Mensch, nach buddhistischer Auffassung jedes Lebewesen, möchte sogar, ob es ihm bewußt ist oder nicht, diese Erfahrung erleben. Diese kann vom Menschen aber nur dauerhaft durch Anwenden einer praxisorientierten Selbsterziehung erreicht werden. Macht er sich das Ziel bzw. den Zweck der (geistigen) Selbsterziehung klar, ist es möglich, daß sie in einer geduldigen bzw. allmählichen, seinen Fähigkeiten und Begabungen angemessenen Art und Weise, vollzogen wird. Eine solche Selbsterziehung dürfte nach und nach zu einer schlichten, ruhigen Heiterkeit führen, die aus dem Gefühl der Zufriedenheit resultiert. Der Mensch lernt den Wert, sich eingehend mit sich selbst zu beschäftigen, zu schätzen. Im Idealfall stellen sich Ruhe und Gleichmut ein, während gleichzeitig heftige Gemütsbewegungen immer mehr schwinden. Dies bewirkt ein Gefühl der Erleichterung, das sich auf alle Lebensbereiche erstreckt. Dann wird nicht nur nach dem Tagewerk, sondern bereits *im* Tagewerk Ruhe und Gelöstheit erlebt. Es entsteht eine neue Weise, tätig zu sein, die darin besteht, nicht mehr hektische Geschäftigkeit über sich Herr werden zu lassen, sondern aus einer inneren Ruhe heraus zu handeln.[4] Der Dalai Lama faßt zusammen: "Ob man ein gläubiger (religiöser) Mensch ist oder nicht, ob man Buddhist ist oder nicht - das alles ist zweitrangig, ohne Bedeutung. Wichtig ist nur, daß man als Mensch ein sinnvolles, nützliches Leben führt."[5]

---

4 Vgl. Rahula 1963, 42; Dalai Lama 1982, 27f; Beckh 1916b, 90; Glasenapp o.J., 127.139; Schmidt 1947, 117; Schwarzenau 1993a, 211; Schwarzenau 1993b, 180.

5 Dalai Lama 1993b, 232.

5. Quintessenz

Wir versuchen, ein Fazit zu ziehen. Wenn wir uns die Lehren Buddhas und Jesu vergegenwärtigen, kommen wir zu dem Ergebnis: Weniger ein Glauben oder eine Hoffnung oder eine Spekulation, sondern der gesunde Menschenverstand, ein Erkennen, ein richtiges Vorgehen, ein Erfahrenwollen sind gefragt.[1] Das, was gehört, gelesen wird, soll einer Prüfung unterworfen werden. Der Mensch wird ersucht, sich selbst von der Wahrhaftigkeit beider Lehren zu überzeugen, dann erst wird es ihm möglich sein, sie in seinem Leben zu befolgen. Vollzieht er letzteres, müssen heilsame Wirkungen (zunehmende Zufriedenheit) eintreten. Erfährt der Mensch diese heilsamen Wirkungen nicht, dürfte der eigentliche Sinngehalt beider Lehren noch nicht erfaßt worden sein.[2] Es geht darum, sich selber kennenzulernen, d.h. seine Lebenslügen, so weit vorhanden, abzustreifen. Dann wird man mehr und mehr imstande, in sich selbst zu ruhen und sich von äußeren Dingen unabhängig zu machen. Anders gesagt: Der Mensch möge sich selbst immer mehr finden mit der Konsequenz, daß er auch die anderen Menschen (Lebewesen) "in ihrem Wesen" immer mehr verstehen wird. Dies ist der Weg, ein zufriedenes Leben zu führen. Schmidt meint sogar, daß Selbsterziehung die einzige Art der Erziehung sei, die wirklich durchgreife und sittlichen Wert habe. Alle Erziehung durch andere könne bestenfalls äußeren Schliff geben. Dieser Sachverhalt sei auch bei der Kindererziehung zu beachten. Gute Kindererziehung dürfe nichts anderes sein als ein Hinleiten zur Selbsterziehung, und dies geschehe am besten durch vorbildliches Verhalten der Erzieher(innen), das aber echt und ungekünstelt sein

---

1 Vgl. Schmidt 1947, 32; Zotz 1996, 81; Schmidt 1953, 13; Crossan 1994, 464.

2 Man kann natürlich auch die Meinung vertreten, daß sowohl Buddha wie auch Jesus irgendetwas falsch verstanden haben, jedoch müßte einer solchen Behauptung eine plausible Begründung folgen.

müsse, wenn es gute Wirkung haben solle.[3] Zu letzterem seien drei buddhistische Sprüche zitiert: "Bevor du anderen darfst gute Lehren geben, mußt du dich selbst erzieh'n. Vorbildlich sei dein Leben!"[4] Des weiteren: "Nicht die Vergehungen der anderen, was sie getan, was sie versäumt, soll man betrachten; vielmehr das, was man selbst tut und unterläßt." Und schließlich: "Nicht wer im Kampfe viele Tausende besiegt hat, sondern nur wer sich selbst bezwang, ist von den Siegern im Kampf der größte."[5]

Kommen wir noch einmal auf Buddha und Jesus zurück. Wir sahen, daß ihr Menschsein, ihre Persönlichkeiten geprägt waren von der eigenen Selbsterziehung und sie deshalb Wegweiser einer Selbsterziehung des Menschen sind. Insbesondere sind ihre Lehren Wegweisungen für die Menschen, sofern man diesen Lehren oder einer von diesen beiden Lehren folgen möchte. Der Dalai Lama bewertet einen wichtigen Bestandteil der Lehre des Buddha: "Die vom Buddha gelehrte Sittlichkeit ist deswegen besonders, weil sie auf direktem oder indirektem Weg jedem nutzt. Sie nutzt einem selbst und den anderen gleichermaßen."[6] Diese Bewertung ist ebenso gültig für die von Jesus gelehrte Sittlichkeit. Weil aber Buddha und Jesus Wegweiser sind, so sind sie auch Autoritäten, und zwar in dem Sinne, daß sie den Menschen nicht nur durch Sitte, Gewohnheit und Recht binden, sondern daß sie dem (erwachsenen) Menschen ungezwungen Zustimmung abgewinnen und abnötigen. Das geschieht dadurch, daß sie einen Inhalt (Lehre) zur Sprache bringen, der imstande ist, den Hörenden ohne Zwang zu binden und so den Sprechenden (Buddha und Jesus) Autorität zu verschaffen. Entscheidend für eine Autorität ist also letztlich der Inhalt (die Lehre), den sie ausspricht. Außerhalb des von ihr ausgesprochenen Inhaltes (Lehre) gibt es für sie keine Be-

---

3 Vgl. Lehmann 1983, 143 und Schmidt 1947, 51.
4 Dhp 159, zit. nach Rahula 1963, 200.
5 Dhp 50 und 103, zit. nach Schmidt 1947, 97.
6 Dalai Lama 1993a, 59.

gründung.[7] So wird der Mensch sowohl Buddha als auch Jesus einzig und allein in ihren jeweiligen Lehren wiederfinden.

7 Vgl. Braun 1969, 147.

Schlußwort

Wer sich mit Buddha und Jesus beschäftigt, der wird konfrontiert mit Erfahrungen und Antrieben des Menschseins im äußersten.[1] Der Mensch wird dabei in die Lage versetzt, sich mit der Frage nach dem Sinn seines Lebens auseinanderzusetzen. Der Antwort auf diese Frage kommt er, nach der Ansicht Buddhas und Jesu, nur dann näher, wenn er bereit ist, Unklarheiten aus seinem Leben in einem mühevollen Prozeß zu beseitigen, positiv ausgedrückt: sich eine klare Bewußtheit anzueignen. Jaspers meint: "Wir werden uns bewußt, daß wir in der eigenen Wirklichkeit keinem von ihnen[2] folgen. Wenn wir den Abstand spüren zwischen dem Ernst dieser Großen und der Fragwürdigkeit des eignen Lebensganges, so erfahren wir die Notwendigkeit, den uns möglichen Ernst zu finden. Jene Maßgebenden werden dabei Orientierung, nicht Vorbild zur Nachahmung. Inhaltlich unbestimmt aber können wir allen zugleich in dem Einen folgen: in der Betroffenheit von der Forderung ihres Ernstes."[3] Die Größe der Menschen Buddha und Jesus wurde von anderen Menschen durch Ehrentitel ausgedrückt: Aus Siddhattha Gotama wurde der Buddha (vgl. Abschnitt I 2.4.1), aus Jesus der Christus.[4] Was die Lehren beider betrifft, so läßt sich sagen, daß die Lehre des Jesus ihren vollständigen Platz innerhalb der Lehre des Buddha findet (vgl. Kapitel III 2),

---

1 Vgl. Jaspers 1995, 227.

2 Jaspers bezieht sich hier auf vier für ihn maßgebende Menschen: Sokrates, Buddha, Konfuzius, Jesus.

3 Jaspers 1995, 227.

4 Der Begriff ὁ Χριστός (Verbaladjektiv von χρίω) bedeutet: der Gesalbte, der Geheiligte, der Ausgezeichnete. Dieser Begriff wurde in dieser Arbeit bewußt nicht verwendet, weil er gerade im europäisch-abendländischen Denken unterschiedlichste Assoziationen weckt, die eher zu Irritationen führen, als daß sie Klarheit schaffen.

Für den Dalai Lama ist Jesus ein erleuchtetes Wesen, ein Bodhisattva (vgl. Anm. 21 im Abschnitt I 2.2.2.1), wobei er jedoch darauf hinweist, daß man diese Ansicht als buddhistische Vereinnahmung des Menschen Jesus kritisieren könne: Vgl. Dalai Lama 1994, 56.

wie es im Gleichnis von der Elefantenspur heißt: "Wie, ihr Freunde, die Fußspur von allem, was da läuft, in des Elefanten Fußspur Platz findet, und des Elefanten Fußspur für die höchste vor allen andern gilt nach ihrer Größe, so finden auch, ihr Freunde, welche heilsamen Wesenheiten es immer gibt, alle ihre Zusammenfassung in den vier edlen Wahrheiten."[5]

Beide, Buddha und Jesus, offenbarten Realitätssinn, ja zeigten eine außerordentliche Beobachtungsgabe für die Realität des Menschen. Dies wird an folgenden Beispielen deutlich: Da stellte der Buddha fest: "Ich kenne keinen Körper, keine Stimme, keinen Geruch, keinen Geschmack, keine Berührung, die das Denken des Mannes so fesseln wie Körper, Stimme, Geruch, Geschmack und Berührung der Frau. Ich kenne keinen Körper, keine Stimme, keinen Duft, keinen Geschmack, keine Berührung, die das Denken der Frau so fesseln wie Körper, Stimme, Geruch, Geschmack und Berührung des Mannes."[6] Jesus betonte, daß der Mensch nicht gleichzeitig Gott und dem Mammon (Besitz, Habe, Geld) dienstbar sein könne (vgl. Mt 6, 24c). Entweder konzentriert sich der Mensch darauf, Gott und seinen Weisungen nachzueifern, oder er setzt alle seine Energien ein, um "Profit" zu machen. Jesus verwarf damit nicht Besitz, Geld und Reichtum an sich, sondern verwies auf deren Gefährlichkeit, wenn man diese zum Zentrum des Lebens erhebt, anstatt diese als Mittel für den Lebensunterhalt anzusehen. Aus diesem Wort spricht die Beobachtung Jesu, daß viele Menschen, bewußt oder unbewußt, den Mammon zum Zentrum ihres Lebens gemacht haben.[7] An einer anderen Stelle heißt es: "Er aber sprach zu ihnen: Nicht viele verstehen dieses Wort, sondern diejenigen, denen es gegeben ist: Solche sind

---

5 Reden des Buddha 1993, 162.
Es ist zu beachten, daß Jesus die buddhistische Lehre nicht gekannt und auch nicht von ihr gehört hat. Für eine solche Vermutung gibt es keinerlei Belege in den für Jesus relevanten Quellen (vgl. Kapitel II 1).

6 A 1,1, zit. nach Zotz 1996, 22f.

7 Vgl. Gnilka 1993, 237 und Conzelmann 1959, 640.

nämlich Verschnittene (Entmannte [εὐνοῦχος]), welche aus dem Mutterschoß so geboren worden sind, und solche sind Verschnittene, welche von den Menschen verschnitten worden sind, und solche sind Verschnittene, welche sich selbst verschnitten haben um des Reiches der Himmel willen. Wer es zu begreifen vermag, der begreife es."[8] Mit den Verschnittenen (Entmannten) sind hier natürlich überwiegend diejenigen Menschen gemeint, die aufgrund ihrer psychischen Verfassung unfähig zur Ehe (heute: intime Zweierbeziehungen jeglicher Art) sind oder sich freiwillig für die Ehelosigkeit ("Paarlosigkeit") entschieden haben.

Wir sahen, daß sowohl Buddha wie auch Jesus dem Kult, wenn sie ihn auch meistens duldeten,[9] keine Bedeutung für die "Befreiung" bzw. das "Heil" zumaßen (vgl. Kapitel III 2). Wenn also heute Buddhisten wie Christen Kulte, welcher Art auch immer, ausüben, so kann diese Kultpraxis unter Umständen entspannend oder dem Nachdenken förderlich sein und dem Menschen nutzen. Sie sind aber als solche nicht "heilsnotwendig". Von Wichtigkeit ist allein das praktische Umsetzenwollen der Lehre des Buddha oder der des Jesus oder einer Synthese von beiden Lehren (vgl. Kapitel III 2).

Wir versuchen ein Fazit zu ziehen. Was die Menschen Buddha und Jesus betrifft, gilt für uns: "Bei Jesus und Buddha ... ist nicht nur der Inhalt, sondern die Form des Lebens und Denkens selber uns verwehrt, - oder sie sind zu wählen mit den Konsequenzen, ohne die alles unredlich bleibt. Dagegen sind sie als Frage für uns von einzigem Gewicht. Wir wissen nur, was wir sind und tun, wenn wir es im Schatten von ihnen her sehen."[10] Für denjenigen Menschen, der sich selbst erziehen möchte und dabei die Lehre des Buddha und/oder des

---

8 Mt 19,11f.

9 Buddha lehnte natürlich Tieropfer ab.

10 Jaspers 1995, 228.

Jesus als Wegweisungen zugrunde legt, gilt: "... Handeln ohne Begier nach Erfolg, wohlwollend gegen jedermann und mit klarem Geist."[11]

Zum Schluß sei noch eine Frage aufgeworfen: Man stelle sich vor, Buddha und Jesus begegnen sich. Was würde sich zutragen? Antwort: Sie würden beide im *Schweigen* verharren und zu einem *erhabenen Lächeln* gelangen.

---

11 Schumann 1995, 161.

Abkürzungen

Lexika

JL	=	Jüdisches Lexikon. Ein enzyklopädisches Handwörterbuch des jüdischen Wissens in vier Bänden, begründet von Georg Herlitz und Bruno Kirschner
LR	=	Lexikon der Religionen. Phänomene - Geschichte - Ideen (HS 4090) hg. v. Hans Waldenfels
RGG	=	Die Religion in Geschichte und Gegenwart. Handwörterbuch für Theologie und Religionswissenschaft, hg. v. Kurt Galling

Reihen

BHB	=	Buddhistische Handbibliothek
BThS	=	Biblisch-Theologische Studien
DG	=	Diederichs gelbe Reihe
EF	=	Erträge der Forschung
EL	=	Edition roter Löwe
HS	=	Herder Spektrum
HThK	=	Herders theologischer Kommentar zum Neuen Testament
KBR	=	Kleine Bibliothek der Religionen
KR	=	Die Klassiker der Religion
KUTB	=	Kohlhammer Urban-Taschenbücher
LS	=	Lehre und Symbol
OE	=	Orientalistische Einführungen in Gegenstand, Ergebnisse und Perspektiven der Einzelgebiete

PhST	=	Philosophische Studientexte. Texte der indischen Philosophie
RB	=	Radius-Bücher
RCE	=	Reihe Campus Einführungen
rm	=	rowohlts monographien
SG	=	Sammlung Göschen
SP	=	Serie Piper
ThTh	=	Themen der Theologie
UTB	=	Uni-Taschenbücher

Buddha

A	=	Anguttaranikaya
D	=	Dighanikaya
Dhp	=	Dhammapada
M	=	Majjhimanikaya
S	=	Samyuttanikaya
V	=	Vinayapitaka

P.	=	Pali
Skt.	=	Sanskrit

Jesus

Altes Testament

Dan	=	Das Buch Daniel
Dtn	=	Das Buch Deuteronomium
Ex	=	Das Buch Exodus
Gen	=	Das Buch Genesis
Jer	=	Das Buch Jeremia

Jes	=	Das Buch Jesaja
1 Kön	=	Das erste Buch der Könige
Lev	=	Das Buch Levitikus
Mal	=	Das Buch Maleachi
Neh	=	Das Buch Nehemia
Num	=	Das Buch Numeri
Ps	=	Die Psalmen
1 Sam	=	Das erste Buch Samuel
Weish	=	Das Buch der Weisheit

Neues Testament

Apg	=	Die Apostelgeschichte
Joh	=	(Das) Johannes(evangelium)
1 Kor	=	Der erste Korintherbrief
Lk	=	(Das) Lukas(evangelium)
Mk	=	(Das) Markus(evangelium)
Mt	=	(Das) Matthäus(evangelium)
1 Thess	=	Der erste Thessalonicherbrief

Literaturverzeichnis

Quellen

- Das Alte Testament. Nach den Grundtexten übersetzt und hg. v. Vinzenz Hamp und Meinard Stenzel. Aschaffenburg [27]1980.

- Neues Testament und Psalmen. Aus dem Grundtext übersetzt. Elberfelder Bibel. Revidierte Fassung. Wuppertal - Zürich 1996.

- Novum Testamentum Graece. Post Eberhard et Erwin Nestle. Communiter ediderunt Barbara et Kurt Aland, Johannes Karavidopoulos, Carlo M. Martini, Bruce M. Metzger. Stuttgart [27]1993.

- Reden des Buddha. Lehre, Verse, Erzählungen. Übersetzt und eingeleitet von Hermann Oldenberg. Hg. v. Heinz Bechert (HS 4112) Freiburg i. Br. 1993.
  (Reden des Buddha 1993)

Hilfsmittel

- Griechisch-deutsches Schul- und Handwörterbuch, von Wilhelm Gemoll, München - Wien [9]1985.

- Langenscheidts Taschenwörterbuch. Altgriechisch - Deutsch, von Hermann Menge, Berlin - München - Wien - Zürich [37]1981.

Sekundärliteratur

Buddha

- Beckh, Hermann: Buddhismus. Buddha und seine Lehre, Bd. I: Einleitung. Der Buddha (SG 174) Berlin - Leipzig 1916.
  (Beckh 1916a)

- Ders.: Buddhismus. Buddha und seine Lehre, Bd. II: Die Lehre (SG 770) Berlin - Leipzig 1916.
  (Beckh 1916b)

- Conze, Edward: Der Buddhismus. Wesen und Entwicklung (KUTB 5) Stuttgart - Berlin - Köln - Mainz [4]1953.
  (Conze 1953)

- Dalai Lama: Das Auge der Weisheit. Grundzüge der buddhistischen Lehre für den westlichen Leser, Bern - München - Wien [3]1982.
  (Dalai Lama 1982)

- Ders.: Das Auge einer neuen Achtsamkeit. Traditionen und Wege des tibetischen Buddhismus. Eine Einführung aus östlicher Sicht, aus dem Englischen übersetzt von Matthias Dehne, München 1993.
  (Dalai Lama 1993a)

- Ders.: Einführung in den Buddhismus. Die Harvard-Vorlesungen, aus dem Amerikanischen übersetzt von Christof Spitz (HS 4148) Freiburg i. Br. [6]1993.
  (Dalai Lama 1993b)

- Ders.: Mitgefühl und Weisheit. Ein großer Mensch im Gespräch mit Felizitas von Schönborn (HS 4288) Freiburg i. Br. [2]1994.
(Dalai Lama 1994)

- Ders.: Die Lehre des Buddha vom Abhängigen Entstehen. Die Entstehung des Leidens und der Weg zur Befreiung, aus dem Amerikanischen übersetzt von Birgit Stratmann, bearbeitet von Christof Spitz, Hamburg 1996.
(Dalai Lama 1996)

- Frauwallner, Erich: Die Philosophie des Buddhismus (PhST 2) Berlin [3]1969.
(Frauwallner 1969)

- Gäng, Peter: Was ist Buddhismus? (RCE 1089) Frankfurt am Main - New York 1996.
(Gäng 1996)

- Glasenapp von, Helmuth: Der Buddhismus und die Lebensprobleme der Gegenwart, in: Ders.: Ausgewählte kleine Schriften, hg. v. Heinz Bechert und Volker Möller, Wiesbaden 1980, 424-439.
(Glasenapp 1980)

- Ders.: Die Weisheit des Buddha, Wiesbaden o.J.
(Glasenapp o.J.)

- Greschat, Hans-Jürgen: Ar(a)hat, in: LR ([3]1987) 29.
(Greschat 1987a)

- Ders.: Meditation/Mystik. Buddhistisch, in: LR ([3]1987) 400.
(Greschat 1987b)

- Grimm, Georg: Die Lehre des Buddha. Die Religion der Vernunft, München [3]1918.
  (Grimm 1918)

- Härtel, Herbert: Buddha, in: RGG 1 ([3]1957) 1469-1474.
  (Härtel 1957)

- Kantowsky, Detlef: Buddhismus (EL) Braunschweig 1993.
  (Kantowsky 1993)

- Klimkeit, Hans-Joachim: Der Buddha. Leben und Lehre (KUTB 438) Stuttgart - Berlin - Köln 1990.
  (Klimkeit 1990)

- Lehmann, Johannes: Buddha. Leben, Lehre, Wirkung. Der östliche Weg zur Selbsterlösung, München 1980 und Frankfurt am Main 1983.
  (Lehmann 1983)

- Leider, Kurt: Buddha. Leben, Lehre, Jüngerschar. In transzendentalphilosophischer Beleuchtung, Hamburg 1968.
  (Leider 1968)

- Meisig, Konrad: Klang der Stille. Der Buddhismus (KBR 1) Freiburg i. Br. 1995.
  (Meisig 1995)

- Oldenberg, Hermann: Die Lehre der Upanishaden und die Anfänge des Buddhismus, Göttingen [2]1923.
  (Oldenberg 1923)

- Ders.: Buddha. Sein Leben, seine Lehre, seine Gemeinde, hg. v. Helmuth v. Glasenapp, Stuttgart [13]1959.
  (Oldenberg 1959)

- Percheron, Maurice: Buddha. In Selbstzeugnissen und Bilddokumenten, aus dem Französischen übersetzt von Joachim Rassat (rm 12) Hamburg [4]1970.
  (Percheron 1970)

- Rahula, Walpola: Was der Buddha lehrt, aus dem Englischen übersetzt von Rev. Dhammankara (LS 15) Zürich 1963.
  (Rahula 1963)

- Schlingloff, Dieter: Die Religion des Buddhismus, Bd. I: Der Heilsweg des Mönchtums (SG 174) Berlin 1962.
  (Schlingloff 1962)

- Ders.: Die Religion des Buddhismus, Bd. II: Der Heilsweg für die Welt (SG 770) Berlin 1963.
  (Schlingloff 1963)

- Schmidt, Kurt: Buddhas Lehre. Eine Einführung, Kreuzlingen [3]1947.
  (Schmidt 1947)

- Ders.: Leer ist die Welt. Buddhistische Studien (BHB 2) Konstanz 1953.
  (Schmidt 1953)

- Schneider, Ulrich: Einführung in den Buddhismus (OE) Darmstadt [3]1992.
  (Schneider 1992)

- Schumann, Hans Wolfgang: Buddhismus. Stifter, Schulen und Systeme, Olten - Freiburg i. Br. [3]1981.
  (Schumann 1981)

- Ders.: Der historische Buddha. Leben und Lehre des Gotama (DG 73) München [4]1995.
  (Schumann 1995)

- Schwarzenau, Paul: Das Fährboot Buddhismus, in: Ders.: Das nachchristliche Zeitalter. Elemente einer planetarischen Religion, Stuttgart 1993, 197-226.
  (Schwarzenau 1993a)

- Ders.: Das Gewinnen der Seinswonne. Zur kontemplativen Struktur des Buddhismus, in: Tewes, Joseph (Hg.): Nichts Besseres zu tun. Über Muße und Müßiggang, Oelde [3]1993, 161-181.
  (Schwarzenau 1993b)

- Uhlig, Helmut: Buddha. Die Wege des Erleuchteten, Bergisch Gladbach 1994.
  (Uhlig 1994)

- Zotz, Volker: Buddha. Mit Selbstzeugnissen und Bilddokumenten (rm 477) Reinbek bei Hamburg [4]1996.
  (Zotz 1996)

Jesus

- Becker, Jürgen: Jesus von Nazaret, Berlin - New York 1996.
  (Becker 1996)

- Blank, Joseph: Jesus von Nazareth. Geschichte und Relevanz, Freiburg i. Br. 1972.
  (Blank 1972)

- Bornkamm, Günther: Jesus von Nazareth (KUTB 19) Stuttgart - Berlin - Köln [15]1995.
  (Bornkamm 1995)

- Braun, Herbert: Jesus. Der Mann aus Nazareth und seine Zeit (ThTh 1) Stuttgart - Berlin [2]1969.
  (Braun 1969)

- Bultmann, Rudolf: Jesus, Tübingen [4]1951.
  (Bultmann 1951)

- Conzelmann, Hans: Jesus Christus, in: RGG 3 ([3]1959) 619-653.
  (Conzelmann 1959)

- Conzelmann, Hans - Lindemann, Andreas: Jesus von Nazareth, in: Dies.: Arbeitsbuch zum Neuen Testament (UTB 52) Tübingen [7]1983 bzw. [11]1995, 335-393 bzw. 431-495.
  (Conzelmann-Lindemann 1983 bzw. 1995)

- Craveri, Marcello: Das Leben des Jesus von Nazareth, aus dem Italienischen übersetzt von Michael Obermayer, Stuttgart 1970.
  (Craveri 1970)

- Crossan, John Dominic: Der historische Jesus, aus dem Englischen übersetzt von Peter Hahlbrock, München 1994.
  (Crossan 1994)

- Dibelius, Martin: Jesus. Mit einem Nachtrag von Werner Georg Kümmel (SG 1130) Berlin [4]1966.
  (Dibelius 1966)

- Dienemann, Max: Gotteskindschaft, in: JL 2 ([2]1987) 1233-1235.
  (Dienemann 1987)

- Fascher, Erich: Gott. Im NT, in: RGG 2 ([3]1959) 1715-1717.
  (Fascher 1959)

- Flusser, David: Jesus. Mit Selbstzeugnissen und Bilddokumenten (rm 140) Reinbek bei Hamburg [19]1995.
  (Flusser 1995)

- Galling, Kurt - Conzelmann, Hans: Reich Gottes. Im Judentum und NT, in: RGG 5 ([3]1961) 912-918.
  (Galling-Conzelmann 1961)

- Gnilka, Joachim: Jesus von Nazaret. Botschaft und Geschichte, Freiburg - Basel - Wien [3]1993.
  (Gnilka 1993)

- Goldammer, Kurt: Gott. Religionsgeschichtlich, in: RGG 2 ([3]1959) 1701-1705.
  (Goldammer 1959)

- Hahn, Ferdinand: Die Frage nach dem historischen Jesus und die Eigenart der uns zur Verfügung stehenden Quellen, in: Hahn, Ferdinand - Lohff, Wenzel - Bornkamm, Günter: Die Frage nach dem historischen Jesus, Göttingen 1962, 7-40.
  (Hahn 1962)

- Heiligenthal, Roman: Der Lebensweg Jesu von Nazareth. Eine Spurensicherung, Stuttgart - Berlin - Köln 1994.
(Heiligenthal 1994)

- Holtz, Traugott: Jesus aus Nazaret. Was wissen wir von ihm? Zürich - Einsiedeln - Köln 1981.
(Holtz 1981)

- Hossfeld, Frank-Lothar - Reuter, Ellen: Prophet. Jüdisch. Christlich, in: LR (³1987) 512-515.
(Hossfeld-Reuter 1987)

- Klausner, Joseph: Jesus von Nazareth. Seine Zeit, sein Leben und seine Lehre, Jerusalem ³1952.
(Klausner 1952)

- Laudert-Ruhm, Gerd: Jesus von Nazareth. Das gesicherte Basiswissen. Daten, Fakten, Hintergründe, Stuttgart 1996.
(Laudert-Ruhm 1996)

- Leroy, Herbert: Jesus. Überlieferung und Deutung (EF 95) Darmstadt 1978.
(Leroy 1978)

- Marti, Kurt: Die Psalmen 73-106. Annäherungen (RB) Stuttgart 1992.
(Marti 1992)

- Ders.: Die Psalmen 107-150. Annäherungen (RB) Stuttgart 1993.
(Marti 1993)

- Max, Joseph: Gott, in: JL 2 (²1987) 1218-1226.
(Max 1987)

- Niederwimmer, Kurt: Jesus, Göttingen 1968.
  (Niederwimmer 1968)

- Rebell, Walter: Jesus, Waltrop 1993.
  (Rebell 1993)

- Schillebeeckx, Edward: Jesus. Die Geschichte von einem Lebenden, aus dem Niederländischen übersetzt von Hugo Zulauf (HS 4070) Freiburg - Basel - Wien 1992.
  (Schillebeeckx 1992)

- Schnackenburg, Rudolf: Die Person Jesu Christi im Spiegel der vier Evangelien (HThK, Supplementband IV) Freiburg - Basel - Wien 1993.
  (Schnackenburg 1993)

- Theißen, Gerd - Merz, Anette: Der historische Jesus. Ein Lehrbuch, Göttingen 1996.
  (Theißen-Merz 1996)

- Vermes, Geza: Jesus der Jude. Ein Historiker liest die Evangelien, übersetzt von Alexander Samely, bearbeitet von Volker Hampel, Neukirchen-Vluyn 1993.
  (Vermes 1993)

- Weder, Hans: Gegenwart und Gottesherrschaft. Überlegungen zum Zeitverständnis bei Jesus und im frühen Christentum (BThS 20) Neukirchen-Vluyn 1993.
  (Weder 1993)

- Weinel, Heinrich: Jesus (KR 1) Berlin 1912.
  (Weinel 1912)

- Wiener, Max: Gottesnamen. In der Bibel, in: JL 2 ([2]1987) 1235-1237.
(Wiener 1987a)

- Ders.: Gottesreich, in: JL 2 ([2]1987) 1240f.
(Wiener 1987b)

- Würthwein, Ernst: Gott. In Israel, in: RGG 2 ([3]1959) 1701-1705.
(Würthwein 1959)

- Zahrnt, Heinz: Jesus aus Nazareth. Ein Leben (SP 1141) München - Zürich [3]1989.
(Zahrnt 1989)

Buddha und Jesus

- Heiler, Friedrich: Buddha, der Meister der Versenkung - Jesus, der Meister des Gebets, in: Ders.: Die buddhistische Versenkung. Eine religionsgeschichtliche Untersuchung, München [2]1922, 61-67.
(Heiler 1922)

- Jaspers, Karl: Die maßgebenden Menschen: Sokrates, Buddha, Konfuzius, Jesus, in: Ders.: Die großen Philosophen, Bd. 1 (SP 1002) München - Zürich [5]1995, 16f. 103-228.
(Jaspers 1995)

- Mensching, Gustav: Buddha und Christus. Ein Vergleich, Stuttgart 1978.
(Mensching 1978)

Nachwort

Von einer Diplomarbeit sind nur selten grundstürzende wissenschaftliche Erkenntnisse zu erwarten - es geht eher um Zusammenfassungen, um erste Erprobung der Fertigkeit bei der Komposition einer größeren Arbeit. Und den Studenten geht es um Klarheit in interessierenden Fragekomplexen - dies können, wie in diesem Buch, zentrale Lebensfragen sein.

Ein so umfangreiches Thema als Diplomaufgabe zuzulassen ist ungewöhnlich - man kann es nur dann vertreten, wenn begründet vermutet werden kann, daß der Autor dies zu leisten imstande ist, und wenn man erkennt, daß Drängendes bewältigt werden soll. Ich denke, daß die Qualität der Arbeit das Wagnis rechtfertigt.

Viele Menschen suchen heute Sinnhorizonte. Viele finden sie nicht mehr in jüdisch-christlicher Tradition. Die Hinwendung zu asiatischer Antike wird manchem bedeutsam - eine "asiatische Renaissance", wie Sloterdijk das in seinem "Eurotaoismus" nannte. Vielleicht kann der Versuch dieser Arbeit, die religiösen Traditionen Europas und Asiens miteinander in Verbindung zu bringen, einige Leser bei eigener Suche und "Selbst-Erziehung" anregen.

Werner Spies

ibidem-Verlag
Melchiorstr. 15
D-70439 Stuttgart
info@ibidem-verlag.de
www.ibidem-verlag.de
www.edition-noema.de
www.autorenbetreuung.de